Prospective
VIVRE DEMAIN

Prospective 2015-2025

L'après-modernité

ISSN : 2101-2792
ISBN : 978-2-7033-1017-4

Une marque du groupe éditorial PIKTOS
Z.I. de Bogues - rue Gutenberg - 31750 Escalquens

www.piktos.fr

Marc HALÉVY

Prospective
VIVRE DEMAIN

Prospective 2015-2025

L'après-modernité

Dangles
DEPUIS 1926
EDITIONS

D'abord, il y a un Idéal quelconque qui forge un Idéalisme, qui dégénère en Idéologie. Parfois, alors, la Révolution s'empare de l'Idéologie et veut la réaliser.

Mais l'Idéal et le Réel ne se reconnaissent pas. Forcément !

Alors la révolution opte pour la violence afin de faire entrer l'immense Réel dans le moule trop petit de l'Idéal. En vain.

Le Réel saigne et souffre, et la Révolution s'épuise...

et finit par mourir d'épuisement, mais toujours trop tard, du sang plein les mains.

Puis le temps passe.

Et surgit un apprenti-tyranneau qui, sous le tas des feuilles mortes, retrouve l'Idéal.

Et tout recommence...

Quand donc l'Humanité apprendra-t-elle à assumer et à aimer le Réel ?

Ce n'est pas parce qu'il y a des hommes malheureux qu'il faut haïr le Réel.

C'est parce que les hommes haïssent le Réel, qu'ils sont malheureux.

Marc Halévy
« De l'Être au Devenir »
(Tome X - 26/03/2013)

TABLE DES MATIERES

Je dédie ce livre à ces milliers de dirigeants d'entreprise que je côtoie depuis si longtemps dans les réseaux APM, CJD, GERME, RESEAU ENTREPRENDRE, et qui, contre les « dinosaures » de la politique, de la finance, du CAC40, de l'industrie lourde et de la grande distribution, se battent, tous les jours, pour créer les emplois, les produits, les métiers, les savoir-faire et les intelligences de demain. Il est temps de faire crever ces dinosaures qui saccagent et pillent tout au nom de leurs intérêts à court terme.

Avertissement

L'objectif de ce livre est de répondre aux très nombreuses demandes consécutives à mes conférences et séminaires de prospective qui touchent environ 2 à 3000 personnes par an (surtout des dirigeants).

La question est toujours la même : existe-t-il un ouvrage de synthèse qui offre un panorama complet de mes idées et modèles quant au monde socioéconomique et à son avenir, dans la tourmente de la grande mutation paradigmatique actuelle ?

Les divers titres de la collection « Prospective - Vivre demain » traitent de facettes particulières de cette problématique, mais il n'y avait pas d'ouvrage d'ensemble.

Le présent livre veut combler cette lacune.

Pour ce faire et viser une description sérieuse et rigoureuse des turbulences et ruptures à prévoir entre aujourd'hui et, probablement, 2025, trois étapes devront être franchies.

Le première est de poser le système socioéconomique mondial en tant que système complexe comme les autres, un système vivant construit sur un squelette (des structures), des organes (des acteurs) et un métabolisme (des logiques de fonctionnement), un système vivant aujourd'hui rongé par un cancer malin : celui d'une économie financiarisée au service d'elle-même et de sa propre prolifération, comme toute tumeur cancéreuse.

La seconde étape veillera à montrer, dans un premier temps, comment, entre 1900 et 1980, le projet, le véhicule et la logique de la Modernité, née à la Renaissance, ont abouti à quatre grandes ruptures irréversibles (écologique, technologique, économique et philosophique), et, dans un deuxième temps, comment, entre 1980 et 2050, émerge un nouveau paradigme dont les grandes composantes seront décrites.

La troisième étape opérera un zoom sur la période la plus conflictuelle du processus : celle des « crises » les plus graves. Cette période s'étend de 2000 à 2025. Elle correspond au « chant du cygne » de la Modernité et à ses derniers soubresauts ravageurs, animés par l'énergie du désespoir (qui fonde, en revanche, le grand espoir de l'humanité de sortir enfin d'une logique délétère). Plus précisément, le mécanisme de la « chape de plomb » mis en place par les institutions de la Modernité pour, sinon empêcher, du moins ralentir la percée du nouveau paradigme au prix d'un endettement souverain abyssal sera mis sous microscope et permettra de clarifier ce qui nous attend entre maintenant et 2025.

Une remarque encore : le lecteur pressé qui cherche à connaître les résultats prospectifs plus qu'à comprendre les processus de fond peut sauter la première partie plus théorique, mais devrait alors lire avec soin le prologue. Le lecteur très pressé peut, s'il le souhaite, après avoir bien lu le prologue, passer directement à la troisième partie, touchant ce que nous vivons au quotidien et se concentrant sur le période 2000-2025. Mais je suis sûr qu'alors, une fois sa curiosité satisfaite, pour se convaincre, il reviendra ensuite aux parties précédentes.

Prologue : La grande bifurcation

Le temps de l'Histoire est un temps complexe, tressage imprévisible de quatre brins indissociables, interconnectés mais antagoniques, souvent.

Le premier brin du temps est le *temps immobile*, celui des invariants, celui où rien ne change sur la durée très longue. Ainsi, le cerveau humain n'a pas évolué depuis que l'*homo* est devenu *sapiens sapiens* (ou *sapiens demens* comme le nomme mon ami Edgar Morin). Notre cerveau d'aujourd'hui et celui de l'homme de Cro-Magnon sont identiques. Dans un ordre d'idée encore plus permanent, on trouverait, par exemple, les lois de la physique qui sont ce qu'elles sont depuis peu après le big-bang : ainsi, les lois de la thermodynamique, qui règlent à la fois les transformations de l'énergie et l'organisation des systèmes complexes, s'appliquent à tout, même à l'homme et à ses orgueils.

Le deuxième brin du temps se nomme le *temps progressif*. Il concerne les tensions lourdes et constantes de l'histoire universelle. Ces tensions sont trois, essentiellement – toutes les autres n'en sont que des combinaisons : la tension entre uniformisation et complexification pour sortir du désordre, la tension entre expansion et concentration pour sortir de la stérilité, et la tension entre cadencement et résonance pour sortir de l'inefficience.

Par exemple, la révolution numérique procède d'un saut de complexification, comme la mondialisation procède d'un mouvement d'expansion ou la croissance, comme l'Union européenne, d'une volonté de résonance.

Le troisième brin du temps est le *temps chaotique*, le temps événementiel, le temps de cette actualité qui forme le « bruit de fond » de l'histoire et qui masque, si souvent, les mouvements importants sous-jacents. Si Grouchy était arrivé avant Blücher à Waterloo, Napoléon aurait peut-être gagné sa bataille contre Wellington, mais l'Empire français était déjà condamné à disparaître depuis le sacre de Bonaparte par le Pape. De même, si Roosevelt avait continué de refuser un débarquement américain en Europe pour hâter la fin du Socialisme national hitlérien, cela n'aurait fait que prolonger la guerre de quelques mois tant l'Allemagne nazie était déjà moribonde depuis la défaite de Stalingrad en 1942. Si Albert Einstein avait eu un accident mortel en sortant du bureau des brevets à Berne, avant la publication de ses fameux quatre articles de 1905 qui fondèrent la relativité restreinte, celle-ci était déjà dans l'air du temps et aurait été formulée par un autre génie dans les années qui auraient suivi.

Le temps chaotique ne fait pas l'histoire, mais il la perturbe : voilà une leçon que les instances politiques et médiatiques devraient méditer plus souvent !

Et enfin, quatrième et dernier brin du temps qui nous intéressera plus particulièrement ici : le *temps cyclique*. Il y a des cycles dans l'Histoire. Tout ce qui vit parcourt un cycle de vie dont la structure est universelle : naissance, puis croissance, puis maturité, puis déclin, puis mort. Ces cinq stades successifs structurent et rythment l'existence de tout ce qui existe dans l'univers.

Cela est vrai de l'existence de chaque être humain. Cela est vrai des théories scientifiques. Cela est vrai des langues parlées ou écrites. Cela est vrai des technologies. Cela est vrai du système solaire et, en lui, de la planète Terre ou, autour de lui, de la galaxie « Voie lactée ». Cela est vrai des civilisations comme le rappela un Charles Péguy en écrivant, juste après la première guerre mondiale : « Nous autres, civilisations, nous savons maintenant que nous sommes mortelles. »

Si l'on regarde de plus près la seule Histoire des hommes, on constate assez vite que celle-ci est constituée de cycles successifs : le cycle précédent déclinant, un nouveau cycle d'une autre nature, construit sur d'autres fondements, croît peu à peu pour s'y substituer.

Ce phénomène est parfaitement illustré par la succession des générations humaines où l'on voit que de jeunes loups attendent, en piaffant, leur heure de prendre le pouvoir à la génération précédente qui vieillit et s'use et décline, induisant ainsi des guerres de succession parfois terribles et désastreuses. Il faut bien comprendre ce processus de croisement d'un cycle déclinant qui veut rester, le plus longtemps possible au centre de la scène, et d'un cycle montant qui veut occuper ce centre le plus vite possible. Par essence, il y a antagonisme entre eux, antagonisme qui, facilement, peut dégénérer en conflit violent.

Notre époque vit un tel croisement de cycles. J'y reviendrai un peu plus loin.

De plus, toujours en observant l'Histoire des hommes, on comprend que cette Histoire est tissée de cycles de différents niveaux, ayant des durées différentes.

On peut ainsi découvrir, assez facilement, des cycles courts de onze ans en moyenne (c'est le cycle des éruptions chromosphériques solaires qui influent si intensément sur les comportements des Terriens – l'existence de bien des hommes connaît ses grandes bifurcations sur un rythme de onze années : 7 ans, 18 ans, 29 ans, 40 ans, 51 ans, 62 ans, 73 ans, 84 ans...). Ces cycles de onze ans se combinent souvent entre eux en groupes de trois et/ou de sept.

À l'autre bout de l'échelle des durées, il y a aussi les cycles très longs comme celui qui commença à la révolution néolithique et qui fit basculer toute l'activité humaine du chasseur-cueilleur à l'agriculteur-éleveur, et qui se termine avec la révolution numérique contemporaine qui fait basculer l'homme d'une économie matérielle, industrielle et consommatoire, à une économie noétique, dématérialisée et immatérielle.

Entre ces deux extrêmes, une structure cyclique particulière nous intéresse, ici, prioritairement : celle des cycles paradigmatiques d'une durée d'environ cinq cent cinquante ans.

L'Histoire occidentale, ainsi, se structure parfaitement.

Il y eut le cycle chaldéen (de -1250 à -700) épris de « Destin ».

Puis, il y eut le cycle grec (de -700 à -150) épris de « Sagesse ».

Puis, il y eut le cycle romain (de -150 à 400) épris d'« Ordre ».

Puis, il y eut le cycle goth (de 400 à 950) épris de « Dieu ».

Puis, il y eut le cycle féodal (de 950 à 1500) épris de « Salut ».

Puis, il y eut le cycle moderne (de 1500 à 2050) épris de « Progrès » qui s'achève sous nos yeux.

Car, telle est clairement notre situation aujourd'hui : nous vivons la fin de la Modernité déclinante et nous faisons face à l'émergence d'un nouveau cycle paradigmatique, d'un nouveau paradigme, donc.

Ces deux paradigmes sont à présent d'une puissance comparable et ils s'affrontent sans concession : le paradigme moderne s'obstine à vouloir garder tous les pouvoirs et s'enlise dans une logique usée jusqu'à la corde, alors que le nouveau paradigme émergent – que je nomme « noétique », on verra pourquoi – met en place d'autres manières de vivre, d'autres valeurs, d'autres organisations, d'autres fondamentaux.

Ce mouvement – déclin et émergence –, parce qu'il est gouverné par les lois de la thermodynamique, est irréversible (j'avais perçu et décrit ce basculement paradigmatique, dès 1985 dans mon premier livre : *Les Métamorphoses de l'homme-papillon*, éd. des Presses interuniversitaires européennes, 1989, et poursuivis, en 1999, par la publication de *L'Œil de Pinocchio*, éd. Maran Communications).

Quoi qu'en disent les médias, les politiques et les institutions de pouvoir, qui sont tous issus et enracinés dans le paradigme de la Modernité, ce qu'ils appellent la « crise » n'en est pas une et les choses ne redeviendront plus jamais « comme avant ».

Nous basculons dans un autre paradigme qui remplacera toutes ces institutions de la Modernité que furent les États, les Universités, les Syndicats (patronaux ou ouvriers), les Bourses, les Banques et tous les dinosaures industriels et commerciaux issus de l'économie de masse.

La dernière fois qu'un croisement paradigmatique d'une telle ampleur eut lieu, ce fut à la Renaissance, charnière entre Féodalité et Modernité.

À cette époque, ce basculement – comme tous ceux qui précédèrent – s'étendit sur environ cent cinquante ans : de 1350 (la fin de la dernière croisade) à 1500 (le début des États nationaux avec leur pouvoir centralisé comme le voulurent des François Ier, Charles Quint, Henri VIII, etc.). Un siècle et demi, donc. Nous vivons un processus similaire qui s'étendra de 1900 jusque vers 2050 (nous y sommes presque, encore un effort...).

Le déclin de la Modernité s'entama avec la naissance du XXe siècle et induisit une rupture forte d'avec les certitudes et références de la Modernité. Cette rupture fut incarnée par cette immonde boucherie que fut la première guerre mondiale de 1914 à 1918 : une guerre absurde, construite sur des nationalismes aussi artificiels que stériles.

Tout de suite après 1918, la rupture s'affirma surtout dans la remise en cause de tous les cadres culturels antérieurs.

En matière d'art, l'expressionnisme, le cubisme, l'abstraction, le surréalisme, le dodécaphonisme, les expériences atonales et sérielles, etc., rompent avec toutes les règles et normes du classicisme.

En matière de science, la relativité restreinte, la relativité générale, la physique quantique et la thermodynamique font voler en éclats tout l'édifice euclidien, galiléen et newtonien.

En matière de sociologie, la guerre de 14-18 a obligé les femmes à sortir massivement de leur séculaire rôle ménager et à entrer dans le monde du travail pour y remplacer les hommes, prisonniers des tranchées ou des stalags ; elles n'y retourneront plus, modifiant ainsi, irréversiblement, la nature et la structure du noyau central de toutes nos sociétés. Les suffragettes et la « garçonne », dès la fin de la « grande guerre », engagent une recomposition fondamentale des fonctionnements sociétaux que nous vivons encore aujourd'hui au travers des notions de famille recomposée, de mariage homosexuel, de communautés de vie, etc.

Pour être précis, il faut insister sur ce point : le nouveau paradigme émergent n'élimine pas le paradigme précédent. Il s'y superpose et le marginalise peu à peu. Ainsi, à la Renaissance, l'économie agraire féodale, basée sur la noblesse guerrière (ou l'abbé), le fief, les serfs (ou les moines) et le château fort (ou le monastère), fut subvertie par l'économie marchande, construite par la bourgeoisie des villes, comme économie monétaire et financière, comme économie de(s) marché(s) autour d'institutions nouvelles comme la Banque, ou la Bourse, ou l'État central dont le premier des droits régaliens fut celui de « battre monnaie » pour fournir, à cette bourgeoisie et à son économie marchande naissante, des monnaies garanties, fiables et convertibles. Nous y reviendrons.

Mais l'économie marchande n'élimina pas l'économie agraire qui est toujours bien là aujourd'hui. À ceci près que le travail des champs occupait 95 % de la main-d'œuvre médiévale et n'occupe plus que 4 % de la main-d'œuvre européenne d'aujourd'hui. C'est cela qu'il faut appeler la « marginalisation » ou la « périphérisation » d'un paradigme.

Aujourd'hui, avec la révolution noétique, nous assistons à la périphérisation progressive de cette économie marchande (qui, bientôt, n'occupera plus que 10 à 15 % de la main-d'œuvre européenne) au profit d'une nouvelle économie émergente, « noétique » donc, et dont ce livre étudie les fondamentaux.

La Modernité avait forgé la sociologie humaine autour de concepts centraux dont les principaux furent l'Humanisme, l'Étatisme, le Rationalisme, le Démocratisme, le Progressisme, etc.

Ces mots-clés qui nous paraissent si essentiels, si incontournables, si fondateurs aujourd'hui, sont condamnés à disparaître des pratiques quotidiennes pour se classer, tranquillement, dans les futurs livres d'Histoire, à la rubrique « paradigmes du passé ».

L'ordre moderne s'y retrouvera aux côtés de l'ordre grec, de l'ordre romain, de l'ordre carolingien et de l'ordre féodal.

Reprenons chacun des mots-clés et commentons quelque peu...

Humanisme...

L'Homme, au sens philosophique, avait deux ennemis : la Nature et Dieu. La Renaissance commença de les combattre. Contre Dieu, il fallait affirmer la Liberté et contre la Nature, il fallait construire la Science. Ce furent les deux grands combats que tenta la Modernité au nom du Progrès. La Modernité, d'ailleurs, fut largement la religion du Progrès.

Selon le vœu de Protagoras d'Abdère, l'Homme devint la mesure de toute chose. Ce mouvement aboutit au *Habeas Corpus Act* anglais (1679), au *Bill of Rights* anglais (1689), à la *Constitution* américaine (1787 et ses dix premiers amendements de 1789), à la *Déclaration des Droits de l'Homme et du Citoyen* française (1789 et 1793) et à la *Déclaration Universelle des Droits de l'Homme* onusienne (1948).

Aujourd'hui, l'Homme est au bout de cette logique ; il est orphelin. Orphelin du Divin et du Sacré dans un immense vide intérieur et une triste misère spirituelle. Orphelin de la Nature par son enfermement dans ses villes infâmes et par son ignorance des racines profondes de la Vie.

Étatisme...

La Renaissance, en donnant tous les pouvoirs à un État central d'abord royal, ensuite républicain, annihilait la puissance des Noblesses d'Épée (les seigneurs) ou d'esprit (les moines). Toutes les institutions médiévales furent marginalisées (il reste quelques grands domaines aristocratiques et quelques abbayes florissantes, mais leur rôle est anecdotique).

L'État, aujourd'hui, a confisqué tous les pouvoirs et la vie privée devient de plus en plus restreinte, confinée, enfermée. L'État, ses bureaucraties et ses fonctionnaires régissent tout, réglementent tout, légifèrent sur tout.

Rappelons ce mot fameux de Léon Blum : ce n'est que « (...) dans une nation centralisée, unifiée, nivelée que les individus sont vraiment libres ».

Aujourd'hui, les organisations pyramidales et les modalités procédurières de l'État en font un organe contre-productif, incapable d'assumer la complexification et la mosaïcisation globales du monde. Les pouvoirs réels s'évadent peu à peu de l'État qui, de plus en plus, se présente comme une force de nuisance plus qu'autre chose.

Rationalisme...

Descartes (avec Leibniz et après Galilée) a donné le ton : la Modernité sera rationaliste ou ne sera pas. Ainsi le voulut la « Méthode » ; ainsi le voulut René Descartes (XVIIe siècle) dont Blaise Pascal, son contemporain et critique, dira : « Descartes : inutile et incertain. »

Le rationalisme cartésien engendra d'abord le criticisme des Lumières, Kant en tête (XVIIIe siècle) ; puis lui succédèrent le positivisme de Comte et le scientisme qui en découla (XIXe siècle) et que le Romantisme tenta, en vain, de combattre ; enfin, le XXe siècle enfanta, à leur suite, un technologisme effréné et un matérialisme stérile et débilitant entraînant une marchandisation de tout et de tous, et une financiarisation généralisée au nom du sacro-saint principe qui dit que ce qui n'est pas mesurable et quantifiable n'existe pas.

Aujourd'hui, sans renier l'utilité de la Raison, la pensée réhabilite d'autres voies de connaissance et d'autres outils de décision, où l'intuition, l'analogie, le symbole, la sensibilité reprennent leurs droits.

Démocratisme...

La démocratie a été l'un des grands combats de la Modernité. Et, derrière elle, se profilent toutes les mouvances prônant l'égalitarisme et le socialisme. La Modernité commença sa carrière en détruisant l'aristocratisme au profit de l'étatisme central, encore royal à cette époque. Mais le rationalisme ambiant eut tôt fait de montrer, puis de démontrer, l'irrationalité foncière de ces pouvoirs autocratiques, qu'ils fussent politiquement royaux ou religieusement ecclésiaux. La démocratie fut donc prêchée par les Lumières. Immanuel Kant d'abord qui stipulait que seuls pourraient voter ceux qui, pour vivre, ne dépendaient en rien de l'État, et que seuls seraient éligibles ceux qui pourraient assumer leur mandat sans coûter un seul sou à l'État. Jean-Jacques Rousseau, en France, inventa le mythe du contrat social. De tout cela émergèrent la démocratie d'abord et longtemps censitaire, puis le suffrage universel (depuis 1948 seulement).

Mais aujourd'hui, la particratie et la professionnalisation des carrières politiques ont transformé, irréversiblement, le démocratisme en démagogisme. Le suffrage universel a atteint ses limites. Le court-termisme, l'électoralisme, le clientélisme et le cynisme ont triomphé. Il ne s'agit plus – si cela l'a jamais été – de porter un grand projet collectif librement choisi, mais bien de construire d'irréfragables assistanats apporteurs de voix.

Progressisme...

L'idée de Progrès a été le cœur, l'âme de la Modernité. Elle en fut sa religion, au sens fort de ce terme. Il fallait libérer l'homme. Cette libération coïncidait avec l'idée de progrès. Libérer l'homme de l'Église par la laïcité. Libérer l'homme de la tyrannie par la révolution. Libérer l'homme de la Nature par la science. Libérer l'homme de la réalité par l'idéologie. Libérer l'homme du risque par la solidarité. Libérer l'homme des différences par l'égalité. Libérer l'homme des inégalités par la justice dite sociale. Libérer l'homme de la fatigue par la technologie. Libérer l'homme de la maladie par l'hygiène et la médecine. Libérer l'homme de la mort par l'euphorisation artificielle, par le spectacle et par le jeu. Libérer l'homme de l'ennui et du vide par le divertissement. Vaste programme.

Aujourd'hui, le bilan est sévère... comme je l'écrivais le 20 mars 2007...

De quel « progrès » parle-t-on ? Et, surtout, de quel « progrès » pour quoi faire ?

À l'allongement de l'espérance de vie répond l'amplitude de la désespérance des existences.

À l'assistanat social généralisé répondent l'aliénation et la lobotomisation des masses.

Au règne de la quantité répond la perte générale de qualité.

À l'effondrement de la mortalité infantile répond la déshérence de cohortes de jeunes paumés inaptes au réel.

À l'explosion technicienne répond l'implosion émotionnelle.

À l'avènement des loisirs répond la fuite effrénée dans l'illusoire, l'imaginaire et le factice.

À la montée vers les richesses matérielles répond la descente dans la misère spirituelle.

À la construction des villes répond la destruction de la Nature.

À la « croissance » économique répond la dégénérescence éthique.

À la multiplication des « plaisirs » répond l'éradication de la joie.

À l'inflation de justice répond l'absence de justesse.

À l'exacerbation des pouvoirs répond l'émiettement des vouloirs.

À l'artificialité des droits de l'homme répond la déliquescence de l'humanitude.

À la sacralisation de l'humanisme et du démocratisme répond la profanation des différences et des libertés.

Procès du « progrès », donc !

Le système socioéconomique mondial

1

Il y a toujours eu des échanges mondiaux. Ne retrouve-t-on pas dans des sites préhistoriques européens des tessons de poteries manifestement fabriquées selon des techniques orientales lointaines, par exemple ? Il y a toujours eu des voyageurs, des aventuriers. Pensons à Alexandre le Grand qui, d'Inde, ramena avec lui, en Grèce, des gymnosophistes, c'est-à-dire des yogis hindous. Pensons à Marco Polo.

Mais la globalisation actuelle dépasse, et de loin, les seules mondialisations des échanges ou des modèles (comme le fut l'américanisation des modèles macro- et microéconomiques après la seconde guerre mondiale et dont nous subissons, aujourd'hui, les inepties).

La globalisation que nous vivons est double. Il y a celle des problématiques : l'écologie planétaire, la démographie humaine, la raréfaction accélérée de toutes les ressources naturelles, les pandémies, etc. Et il y a la globalisation noétique qui, par la Toile, réalise déjà un embryon de cette noosphère qu'avaient prédite Vladimir Vernadski et Pierre Teilhard de Chardin.

Le système socioéconomique est donc globalisé, mondialisé. Et, comme toute intégration, cette globalisation induit, par effet de réaction, une individuation symétrique qui fait proliférer des désirs ou revendications identitaires, le développement d'économies locales et de proximité, l'émergence de communautés électives semi-fermées, bref : la quête d'unité mondiale induit des quêtes d'idiosyncrasies locales (cf. *Mondialisation et relocalisation – Entre Terre et terroir*, Marc Halévy, Dangles, 2012).

Cette bipolarité s'appelle « l'effet mosaïque » que l'on retrouvera aux différents niveaux de l'évolution du système socioéconomique. L'effet mosaïque résulte de la triple pression exercée sur les systèmes du fait de leur expansion (ici, la globalisation/mondialisation), de leur complexification (ici, le saut de complexité lié à la révolution numérique) et de leur résonance (ici, l'effervescence entrepreneuriale étendue à toutes les régions du globe). Il se manifeste par une fragmentation généralisée des grands ensembles : les États deviennent des ensembles de régions, les pyramides hiérarchiques deviennent des réseaux d'entités, les peuples deviennent des tissus de communautés, les grands marchés de masse deviennent des myriades de niches, de micromarchés hyperspécialisés, hyper-personnalisés, hyper-segmentés, etc.

Pour le dire avec les mots de la physique complexe, l'effet « mosaïque » marque le passage d'une structure cohésive à une structure chaotique (au sens de la théorie du chaos). Mais cette fragmentation n'exclut nullement des significations d'ensemble, globales, intégrées. Car telle est bien la mosaïque : un vaste ensemble de petites pierres colorées ayant chacune leurs propriétés, formes et couleurs, qui, vu de suffisamment loin, forme un sujet global représentant une scène ou un sujet cohérent. Pour compléter la métaphore, il faudrait imaginer une mosaïque vivante dont chaque pierre évolue, change, se transforme pour donner, globalement, un sujet d'ensemble lui aussi changeant et évolutif.

Le système socioéconomique mondial, quoique stratifié, quoique à géométrie variable, quoique travaillé par des effets de retards et d'accélération entre régions, connaît, globalement, la bifurcation qui a été esquissée dans le prologue.

Sauf les régions islamistes qui s'y inscrivent anti-cycliquement, en opposition de phase, donc, toutes les zones économiques de la planète humaine évoluent désormais en phase, malgré les écarts et décalages qui sont partout en cours de rattrapage accéléré.

Cette bifurcation globale fait l'objet du présent ouvrage. Il faut bien comprendre ce que cela signifie et c'est tout l'objet de cette première partie que de clarifier l'anatomie et le métabolisme de ce vaste organisme vivant qu'est le système socioéconomique mondial.

Son actuelle bifurcation qui, rappelons-le, n'est ni la première ni la dernière, puisqu'il y en a une tous les cinq cents ans environ, son actuelle bifurcation, disais-je, traduit un changement radical de sa logique interne d'évolution. Il s'agit d'une mutation paradigmatique profonde, ce qui signifie que tous les repères, toutes les références, tous les modèles, tous les principes sont remis en cause et revisités systématiquement, en vue de faire émerger une nouvelle logique évolutive dont le but n'est pas le changement pour le changement, mais bien de donner des réponses nouvelles aux défis nouveaux que la logique antérieure est incapable d'assumer.

Prenons un seul exemple : comme leur taux de renouvellement est largement inférieur au taux de prélèvement que leur imposent les activités humaines, toutes les ressources naturelles ont basculé (vers l'an 2000) depuis l'ancienne logique d'abondance vers une totale et définitive logique de pénurie. L'ancienne logique socioéconomique, basée sur l'hyper-industrialisation, l'hyperconsommation et l'hyperproduction (dans un contexte d'hyper-financiarisation) est totalement incapable d'assumer une telle pénurie généralisée puisqu'elle est animée, par construction, par un principe de prélèvement maximal de ressources bon marché. Il n'y a plus de ressources bon marché et le prélèvement doit devenir minimal. On comprend l'impasse que vivent nos économies actuelles qui s'obstinent à courir derrière le mythe absurde de la « croissance » (croissance de quoi et pour qui ?) alors que cette croissance matérielle et quantitative est devenue impossible. Sauf à considérer, avec ironie ou cynisme, l'euphémisme à la mode : la « croissance négative » !

Il est pourtant si clair que la croissance en quantité de la consommation matérielle doit céder la place, d'urgence, à la croissance en qualité de la joie de vivre (que l'on appellera aussi, « la croissance du développement existentiel ») ! Mais on comprend à quel point ce changement de nos logiques de vie induit des comportements productifs et consommatoires radicalement autres, incompatibles avec l'ancienne logique socioéconomique. Nous voilà déjà au cœur de la bifurcation en cours...

Je parlais, plus haut, *de clarifier l'anatomie et le métabolisme de ce vaste organisme vivant qu'est le système socioéconomique mondial*. Trois grands thèmes s'offrent, pour comprendre la logique interne du système : sa structure, ses acteurs et sa logique. Ce seront les titres des trois chapitres qui suivent. Chacun, à son tour, développera ces trois composantes.

Tout au long de ce travail, nous retrouverons une organisation ternaire à tous les étages de la structure gigogne du système socioéconomique.

Cette organisation ternaire n'est pas le fruit du hasard. En effet, un beau théorème montre qu'il ne peut y avoir de complexité que moyennant du « Trois ». En effet, le « Un » est uni et uniforme et il ne peut rien s'y passer. Quant au « Deux », tant que la solution d'équilibre n'est pas trouvée, il peut y avoir une dynamique interne, mais le repos et l'arrêt finissent par s'imposer dès que l'équilibre est trouvé. Il faut donc au moins du « Trois » pour que l'évolution puisse se perpétuer, proliférer et se complexifier.

Pour plus de détails sur les implications ternaires liées à la physique des systèmes complexes, je renvoie le lecteur intéressé à mon livre : *Un univers complexe* (Oxus, 2011) et à sa suite logique : *Ni hasard, ni nécessité*, préfacé par Edgar Morin (Oxus, 2013).

La structure :
pour quoi ? par quoi ? avec quoi ?

Parlons donc de l'anatomie – et de la psychologie – de ce vaste système socioéconomique mondial, objet de toutes nos attentions, ici.

Trois questions majeures se posent : pour quoi ? par quoi ? et avec quoi ?

Pour quoi ?

La question de la finalité ou des finalités : l'économie, pour quoi faire ? La question semble triviale. La réponse ne l'est pas. Au service de quoi l'économie se déploie-t-elle ? Ce n'est pas évident. Ce qui est évident, par contre, c'est la leçon terrible que nous ont infligée ces dix ou quinze dernières années : lorsque l'économie travaille au service de la finance spéculative, le grabuge n'est pas loin. La catastrophe non plus !

La finance n'a de sens et d'utilité qu'au service de l'économie réelle, et non l'inverse. Car, au fond, qu'est-ce que la finance ? C'est le commerce de l'argent, c'est la cession de l'usufruit d'un capital en échange d'une rémunération de ce capital. C'est sur ce point crucial que se différencient la finance entrepreneuriale et la finance spéculative. La finance entrepreneuriale ne parie pas, ne spécule pas ; elle prend des risques, calculés et maîtrisés, basés sur la confiance en une entreprise, en un entrepreneur, en un projet réel de produire des biens, des services ou des idées réels. La finance spéculative joue, parie, mise, fait des promesses, propose de l'argent facile et des gains immodérés en toute illégitimité ; elle engendre une économie virtuelle complètement déconnectée de l'économie réelle. La finance spéculative, c'est du détournement économique. La finance spéculative, pour le dire net, c'est du vol pur et simple. Elle s'appuie sur la cupidité et la paresse, la naïveté et la bêtise des gogos.

Aujourd'hui, à l'échelle mondiale, la finance spéculative brasse un volume financier plus de quatre-vingt-dix fois supérieur au volume de l'économie réelle. On comprend immédiatement l'absurdité de la situation, dès lors que la seule production réelle de valeur censée rémunérer tous ces « placements » spéculatifs, est, précisément, l'économie réelle. Comme l'appât de l'argent facile est plus fort que le simple bon sens, il n'y a plus qu'une solution possible : faire croire et vendre plus cher à un plus gogo que soi. Et, surtout, démultiplier les possibilités de placement en titrisant, c'est-à-dire en créant des titres à vendre qui représentent des fonds qui sont eux-mêmes des titres déjà vendus, ou des risques sur des risques, ou des promesses sur des promesses, ou des paris sur des paris. On commence à mesurer, j'ose le croire, la totale absurdité de la situation et l'impasse radicale à laquelle elle mène.

Alors : puisque ce ne peut être au service de la finance, au service de quoi doit œuvrer le système économique ? À son propre service ? Aberrant ! Il n'y a que la Vie qui soit à son propre service. Une économie au service d'elle-même tourne en rond. Alors : au service de quoi ?

Deuxième question : par quoi ?

Quels sont les moteurs du système socioéconomique ? Il y en a trois. Pensons microéconomie. Pensons au processus de création d'une entreprise. Que faut-il donc mettre en branle pour que son projet économique puisse se déployer ?

Il faut d'abord pouvoir disposer d'un « fonds de caisse », d'un patrimoine initial, autrement dit, d'une capitalisation de départ qui sera inscrite à la première ligne du passif du bilan (au passif car ce capital souscrit est, en fin de compte, une dette que l'entreprise contracte vis-à-vis de ses actionnaires).

Il faut ensuite penser une organisation, c'est-à-dire un plan de travail, une structure d'outils, une batterie de méthodes, des procédures de fonctionnement, bref il faut structurer les relations de production de valeurs dans l'espace (un organigramme, par exemple) et dans le temps (un budget, par exemple).

Il faut enfin lancer des activités qui vont mettre en œuvre l'organisation afin d'atteindre, ainsi, les finalités. Au cœur de ces activités multiples, trône la notion centrale de métier. Une entreprise, c'est d'abord un métier. L'économie, c'est d'abord un ensemble de métiers que l'on tente de développer, de maîtriser, de faire exceller. La finance spéculative ne comprend rien – et ne veut rien entendre – à la notion de métier ; elle en a saccagé des pans entiers au nom de l'argent facile, du travail bon marché, de la main-d'œuvre d'ailleurs, de là où la faim est au ventre et où la docilité a bon dos.

Troisième question : avec quoi ?

C'est la grande et vaste question des ressources qui devront alimenter tout le système socioéconomique. Celui-ci, comme tous les systèmes thermodynamiques, est un système ouvert. S'il ne peut échanger avec l'extérieur, il meurt. Comme vous et moi : nous avons besoin de nourritures et de boisson pour alimenter notre corps qui, ensuite, devra pouvoir évacuer ses déchets ; nous avons besoin d'informations pour alimenter notre cerveau qui, sinon, s'étiole et qui, comme le corps, doit évacuer ses déchets informationnels dans la poubelle de ses colères ou de ses rêves.

Les ressources de l'économie sont de trois types.

Il y a d'abord les ressources matérielles que l'on peut, en toute rigueur, rassembler sous le terme d'énergie. Car toute matière n'est que condensat, plus ou moins structuré, d'énergie. Même le travail physique humain est assimilable et mesurable en termes d'énergie fournie. L'économie est consommatrice d'énergies. Ou, plus exactement, transformatrice d'énergies car, selon le premier principe de la thermodynamique, l'énergie se conserve et ne peut donc être consommée. Lorsque nous disons que nous consommons de l'énergie, en fait, nous dégradons de l'énergie dont le volume total reste identique à lui-même, mais dont la dilution (l'entropie) augmente. L'énergie chimique condensée dans le pétrole se dissipe en chaleur et en fumée. L'énergie cristalline enfermée dans le métal du moteur se dissipe en usures et en déformations. L'énergie anatomique emmagasinée dans les muscles se dissipe en fatigue (un empoisonnement chimique par dégradation catabolique), en sueur, en crampe, etc.

Outre les énergies, la deuxième source de ressources englobe les connaissances immatérielles qui, précisément, permettent de transformer les matériaux entrants en biens et services finis, vendables, utilisables. Ces connaissances prennent de nombreuses formes : les compétences et savoir-faire des collaborateurs ou des partenaires et fournisseurs, les études, conseils et expertises fournis par les spécialistes, les données et informations issues de l'actualité, des services de statistiques, d'intelligence économique ou de veille technologique, les accès à la Toile et aux milliards de sites qu'elle réunit, les talents et intelligences des gens capables de créer, de transformer, d'assembler, de relier des idées, etc.

Troisième catégorie de ressources : il y a, enfin, les marchés, ces lieux parfois concrets mais souvent – de plus en plus souvent – abstraits où se passe la rencontre entre le fournisseur et le client, le lieu de la transaction proprement dite. Encore faut-il avoir accès à ces lieux et avoir la possibilité de s'y faire accueillir, accepter, voir, recevoir et rencontrer. Voilà la quintessence de la si précieuse ressource commerciale.

Les finalités

La théorie le sait bien : la finalité de tout système complexe est son propre accomplissement en plénitude, et exprime la propension à aller au bout de tous ses potentiels, d'explorer et d'exploiter tous ses possibles.

Mais, comme tout système est pris en tenaille entre les systèmes qui le composent (ses constituants) et le système dont il fait partie (son milieu), trois niveaux de finalité s'étagent en une structure gigogne d'intérêts parfois convergents, parfois divergents.

Ainsi, chaque personne est un système évoluant entre ses organes (ses constituants) et sa famille (son milieu). On comprend vite que l'art de bien vivre consiste à faire converger l'accomplissement de sa famille, de soi-même et de sa santé organique.

Il en va de même pour le système socioéconomique qui doit, à la fois, s'auto-accomplir en développant toutes les possibilités de générer de la valeur et de la richesse (dans tous les sens de ces deux mots, pas seulement au sens financier et matériel), contribuer à l'accomplissement de ses constituants que sont les communautés humaines composées, à leur tour, d'individus, et contribuer, aussi, vers le haut, à l'accomplissement du milieu humain, lui-même partie intégrante de la biosphère.

À l'énoncé de ce qui précède, une énorme conclusion s'impose : ***l'économie moderne n'a visé que son propre accomplissement (la croissance !) au détriment de celui des hommes qu'elle a rendu esclaves de leur travail et de leur consommation, et au détriment de celui de la biosphère qu'elle a pillée, saccagée, polluée et détruite à qui mieux mieux.***

Cette économie de la Modernité a proliféré dans les tissus de la biosphère et de l'humanité comme une tumeur cancéreuse : elle ne vise que son propre développement morbide en tuant cellules et organisme « d'accueil »... se condamnant, par la même occasion, à mort puisque le cancer meurt avec celui qui en souffre. Si un coup d'arrêt radical n'est pas mis au développement de l'économie telle que nous la subissons aujourd'hui, c'est l'humanité que l'on condamne à mort... malgré les doses de plus en plus fortes de morphine qu'on y injecte à grands coups de mensonges, d'euphorisants, de spectacles et de fausses promesses.

On peut ainsi résumer le problème de la finalité de l'économie en trois points qui doivent être satisfaits conjointement :

– la production de valeurs et de richesses – pas seulement matérielles ou financières – qui soient durablement utiles,

– l'épanouissement de la bonne santé, physique et mentale, des êtres humains au travers de leur travail et de leur consommation,

– la célébration de la biosphère, de la Nature et de la Vie sous toutes ses formes, qui doivent être vues comme un jardin à cultiver et non comme un réservoir à piller.

Hors de là, toute forme d'économie est scélérate !

Quoique cette triple finalité du système socioéconomique soit la seule qui puisse permettre à l'humanité d'échapper à son cancer suicidaire, il faut éviter à tout prix que la généralité du propos ne s'enlise dans une nouvelle forme de bien-pensance sans effet, dans le vœu pieux ou le vieux pneu, comme l'on voudra.

Pour cela, il faut passer de la notion de finalité à celle d'intention. En effet, la finalité s'inscrit dans le futur ; elle est une projection sur l'avenir, un « idéal », voire un « phantasme ». Pour la rendre effective, il faut, à toute force, la ramener dans le présent et en faire une arme de décision réelle et de responsabilité réelle dans le présent réel.

La notion d'intention rend cette traduction possible.

La finalité : définir la destination finale que l'on se fixe.

Le projet : définir le « meilleur » chemin pour atteindre cette destination.

L'intention : se doter de critères pour choisir, à chaque pas, le chemin possible le plus souhaitable.

La destination et le projet visent l'atteinte d'un lieu extérieur.

L'intention vise l'atteinte d'un état intérieur.

Visiter Rome en dix jours est un projet. Vivre joyeux à chaque instant est une intention.

Atteindre le sommet de l'Everest est une finalité (bien transitoire car, une fois la destination atteinte, que faire ?) alors que prendre, en tout, le chemin qui monte le mieux est une intention.

Remplir les trois conditions d'équilibre du système socioéconomique est une finalité (pour laquelle on peut imaginer mille projets et plans comme le font les idéologues de tous poils). Comme l'idée d'économiser l'énergie est un projet rabâché, depuis vingt ans, au travers des réguliers spots télévisuels... avec pour conséquence une augmentation constante, d'année en année, de la consommation moyenne des ménages.

Il faut donc sortir des déclarations d'intention, des promesses électorales et des effets d'annonce, et passer à l'action quotidienne réelle. Il faut traduire la finalité (pour laquelle, rappelons-le, nous n'avons plus le choix si l'on veut éradiquer le cancer qui nous ronge) en intention, c'est-à-dire en choix réels permanents.

Et voilà ce que cela donne...

Le travail que je fais et les produits que j'achète doivent remplir, conjointement, trois conditions :

– être excellent pour ma santé physique, morale et mentale ;

– être excellent pour la Nature, la Vie et la Terre ;

– être porteur de bonne valeur et de bonne richesse pour l'ensemble de l'humanité.

Tout travail ou produit ne satisfaisant pas ces trois critères conjoints doivent être impitoyablement rejetés, boycottés et combattus.

On comprend que là, nous sommes loin du vœu pieux. Nous sommes, au contraire, au cœur de la responsabilité personnelle, quotidienne, réelle. Cela traduit, en termes concrets et pratiques d'aujourd'hui, la notion de « Principe Responsabilité » que le philosophe juif allemand Hans Jonas avait établie dès 1979.

On remarquera qu'une telle transcription de la finalité globale du système socioéconomique abolit les grands programmes de la machinerie politicienne dont l'inefficience et le pouvoir de nuisance ne sont plus à démontrer. La révolution qui s'annonce – et qui s'avère vitale pour l'humanité – sera une révolution *bottom-up*, du bas vers le haut, par exemplarité, par contagion, par capillarité. Nous y reviendrons.

Il ne s'agit ni de lois, ni de campagnes, ni de subsides : il s'agit de responsabilité personnelle immédiate. Il suffira de regarder le caddie de quelqu'un pour savoir, immédiatement, si l'on a affaire à un salaud (pour reprendre le vocabulaire de Sartre) ! Il suffira, aussi, de savoir pour qui chacun travaille, pour le classer dans la catégorie des infâmes !

Le fait de devoir « gagner sa vie » ne peut plus jamais être une excuse. Les SS nazis et les Polonais employés dans les camps de concentration gagnaient aussi leur vie. Les usines de fabrication de mines anti-personnel, aussi. Les empoisonneurs des industries agroalimentaires et de la grande distribution, aussi. Les spéculateurs des grandes banques scélérates, aussi.

Que chacun prenne ses responsabilités. Enfin !

Les moteurs

Le fonctionnement du système socioéconomique mondial repose sur trois piliers internes que viendront compléter, au chapitre suivant, trois ressources externes.

Ces trois piliers intérieurs sont : les patrimoines, les organisations et les activités.

Les trois ressources externes seront les énergies, les connaissances et les marchés.

Essayons de mieux comprendre la nature et la structure de ces trois moteurs internes qui propulsent le système socioéconomique vers sa finalité, en consumant ces carburants, matériels et immatériels, que sont les ressources économiques puisées dans le milieu humain et naturel.

Les patrimoines constituent ce que l'on (un entrepreneur, une communauté, une collectivité, etc.) possède et que l'on met à la disposition du projet économique.

Les organisations préparent le fonctionnement du système afin d'en tracer un plan de travail tant dans l'espace (un organigramme, par exemple) que dans le temps (un budget, par exemple).

Les activités, enfin, expriment « ce que l'on fait réellement » lorsque l'on met en œuvre, dans le réel, les organisations que l'on a pensées au moyen des patrimoines que l'on a apportés.

Ces *patrimoines* sont de plusieurs natures.

Il y a bien sûr les patrimoines matériels qui constituent le « capital » économique, au sens classique et comptable du terme. Ce capital peut se présenter en argent ou en nature. Ils sont apportés au projet économique en échange, d'une part, d'un droit de pilotage ou de surveillance de ce projet et, d'autre part, d'une part des résultats de ses activités. Le capitalisme n'est rien d'autre que cela. Et le fait qu'il s'agisse d'un capitalisme privé, étatique, familial ou communautaire ne change rien au fait que tout projet économique nécessite du capital pour pouvoir démarrer et fonctionner.

Mais, outre ces capitaux matériels, les patrimoines immatériels ne sont pas moins importants. Tout au contraire, ils deviennent même, de nos jours, de plus en plus stratégiques car, s'il est facile d'acheter des patrimoines matériels (un bâtiment, par exemple), il est bien plus difficile, voire impossible, d'acheter des patrimoines immatériels (le talent d'une personne, par exemple). Or, on le comprendra mieux plus loin, la valeur des entités économiques (les produits et services, les entreprises, les organismes) dépend bien plus des intelligences que l'on y injecte que des matières qui y sont utilisées. Le rapport s'en est globalement inversé en moins d'un siècle : la Ford T de 1908 avait une structure de valeur donnant 80 % aux matériaux et 20 % aux savoir-faire. Les modèles actuels de voiture, bourrés d'électronique et d'informatique, truffés de *design* et de praticité, de facilités et de conforts, voient leur structure de valeur exactement inversée : 80 % de cette valeur viennent des intelligences humaines qui y ont été incorporées.

Démarrer un projet économique, doté de beaucoup de sous, mais dénué d'intelligence, est évidemment voué à l'échec. La majorité des faillites d'entreprise que nous connaissons aujourd'hui est bien plus conséquence de la stupidité (de leurs patrons mais aussi de leurs collaborateurs) que de la déficience des marchés. L'intelligence permet presque toujours de s'adapter aux aléas des marchés. La stupidité, jamais !

Pour être complet, il n'est pas inutile de rappeler que les patrimoines immatériels, en matière économique, sont de trois ordres : les patrimoines cognitifs qui rassemblent compétences, mémoires, savoirs, savoir-faire, connaissances, tours de main, etc., les patrimoines créatifs qui coalisent talents, potentiels, agilité, capacités d'intelligence, de créativité et d'adaptabilité collectives, etc., et les patrimoines collaboratifs qui expriment toutes les capacités à interagir, à corréler, à relier, à établir des relations, des contributions, des synergies, des syntonies, etc.

On notera avec soin que tous ces patrimoines immatériels, pour stratégiques et vitaux qu'ils soient, ne sont ni quantifiables, ni comptabilisables et qu'ils n'apparaissent donc nulle part, ni dans les comptes des entreprises, ni dans les comptes nationaux.

À méditer... en relation, notamment, avec les appréciations débiles des agences de notation américaines et avec leurs distributions absurdes de triple ou double ou simple A.

Les modèles d'*organisation* ont été nombreux et diversement appréciés, étalés sur un large spectre allant de l'ajustement mutuel, plutôt anarchique et improvisé, à la stricte procéduralisation hiérarchique et pyramidale.

Mais que vise une organisation quelconque ? Autrement dit : pour quoi s'organiser ?

Toute organisation traduit et trahit la peur de l'inconnu, la crainte des incertitudes. Elle se veut rassurante, source de rassurance. Pour l'imaginer mieux, plaçons-nous dans un monde féerique où tous les individus seraient compétents, talentueux, habiles, motivés, enthousiastes, entièrement dévoués à leur mission et à leur fonction, bref : professionnellement parfaits. Quel besoin y aurait-il d'organiser quoi que ce soit ? Chacun répondrait adéquatement, optimalement et parfaitement à chaque événement, à chaque sollicitation, à chaque mouvement. On comprend, alors, que toute organisation est la double réponse à l'imperfection humaine et à l'imprévisibilité des phénomènes.

Naturellement, les organisations se rigidifient pour pallier les imperfections humaines au moyen de structures et procédures parfois très détaillées. En revanche, elles ont tendance à s'assouplir pour faire face aux imprévisibles qui appellent adaptabilité et agilité. Notons au passage que notre époque connaît un saut de complexité qui, par essence, induit un saut d'imprévisibilité ; nos modèles organisationnels sont donc condamnés à évoluer vers plus de souplesse (et vers le perfectionnement des acteurs) et à renoncer, souvent, aux modèles pyramidaux, hiérarchiques et procéduraux.

Les *activités*, enfin...

Un très beau mot, bien précieux, résume à lui seul toutes les activités économiques humaines : le métier !

Chaque être humain est porteur d'un ou plusieurs métiers. Chaque entreprise, aussi. Chaque communauté, chaque région, chaque nation de même. Le métier est au cœur de toutes les activités.

Mais qu'est-ce qu'un métier ? Ce n'est pas seulement concevoir, fabriquer ou commercialiser des produits ; cela n'est pas le métier, c'est le fait d'exercer son métier. Le métier ne se réduit jamais à des produits ou des services. Le métier se place bien en amont, au niveau des savoir-faire, des compétences, des talents et des intelligences.

Maîtriser son métier, c'est exceller dans chacun des savoir-faire qui le constituent. Disant cela, on comprend bien la connexion forte qu'il y a entre le métier et les patrimoines immatériels qui forgent l'âme des systèmes économiques. Les absurdes vagues de délocalisation que la finance spéculative et la dictature des prix bas ont imposées à l'économie furent surtout des dévalorisations sanglantes de patrimoine, des pertes sèches de savoir-faire, des destructions de métiers. Heureusement, le mouvement s'inverse et les relocalisations s'amorcent !

Les ressources

Face aux trois moteurs internes qui font avancer le système socioéconomique mondial vers ses finalités, le besoin des ressources est énorme car elles sont le carburant de l'ensemble. Sans ressource, sans carburant, la « machine » économique s'arrête et meurt, laissant sur le carreau une humanité exsangue et condamnée à disparaître.

Il faut bien distinguer les trois grandes catégories de ressources dont le système socioéconomique a besoin : des *énergies*, des *connaissances* et des *marchés*.

Les énergies et les connaissances en sont les intrants (pour parler comme les cybernéticiens) alors que les marchés en sont les extrants. Le système socioéconomique est, en somme, un pont tendu entre ces intrants et ces extrants qui, chacun, évoluent de façon accélérée. Ledit système doit donc, en permanence, s'adapter à ces évolutions amont et aval.

Si l'amont ou l'aval – ou les deux – bifurquent, le système, lui aussi, devra bifurquer. C'est exactement ce que nous vivons aujourd'hui.

Les *énergies*, comme déjà dit, regroupent toutes les ressources matérielles qui, en bon physicien que je suis, peuvent toujours être regardées comme de l'énergie plus ou moins informée, plus ou moins structurée, plus ou moins condensée, plus ou moins stabilisée.

Une motte de terre est un immense réservoir d'énergies chimiques et biochimiques. Un cristal de roche n'est qu'un condensat d'énergies électromagnétiques et d'énergies nucléaires. Un litre de pétrole n'est qu'un paquet fluide d'énergies biochimiques macromoléculaires. Etc.

La thermodynamique est la branche de la physique qui étudie ces énergies et leurs transformations. Elle repose sur deux grands principes : le premier stipule la conservation globale de la quantité d'énergie qui, donc, ne varie jamais, et le second démontre que toute transformation énergétique produit plus d'entropie qu'elle ne construit de néguentropie.

Ce dernier point, plus technique, mérite trois mots d'explication car il est au cœur de la grande rupture écologique et des logiques de pénurie qui grèvent notre époque.

Quitte à faire quelques entorses à la rigueur physicienne, imaginons que l'énergie soit une substance (en réalité, l'énergie est la mesure de l'intensité d'une activité). Cette « substance » est, à l'état libre, à l'état « de nature », extrêmement fluide, impalpable, sans forme. Mais lorsqu'elle se condense et prend forme, elle devient particules. Celles-ci, parfois, s'assemblent dans des architectures stables que l'on nomme noyaux, atomes, molécules, cristaux qui, eux-mêmes, s'agglomèrent parfois entre eux pour former tous les matériaux qui nous entourent... ou les cellules vivantes qui nous composent.

À chaque saut organisationnel (par exemple de l'atome isolé à la macromolécule d'hydrocarbure), il y a production de néguentropie. La néguentropie mesure, en somme, la sophistication architecturale, la complexité architectonique de l'objet considéré qui, on le comprend sans peine, est bien plus grande pour une molécule de benzène que pour chacun des six atomes de carbone et des six atomes d'hydrogène qu'elle contient. À l'inverse, lorsque je brûle une molécule de pétrole, l'explosion chimique des macromolécules hydrocarbure avec les molécules d'oxygène produit, outre de la chaleur (de l'énergie libre), des petites molécules ridicules de dioxyde de carbone et de vapeur d'eau. Il y a perte de complexité, il y a destruction de néguentropie et il y a croissance d'entropie. L'entropie est l'inverse de la néguentropie ; elle mesure le degré de dégradation de l'énergie sachant que la dégradation maximale est l'énergie libre qui est le rayonnement thermique, la « chaleur » radiante.

Le second principe de la thermodynamique ne dit rien de plus que ceci : dans tout système fermé (ce qu'est notre bonne vieille Terre si l'on fait abstraction de la lumière solaire qui est un flux d'énergie de très haute entropie, donc de très mauvaise qualité), le bilan total de toutes les transformations énergétiques produit toujours de l'entropie, donc de la dégradation énergétique. Les thermodynamiciens parlent alors de rendements inférieurs à un : il y a toujours perte de néguentropie, quoi qu'on fasse. Or nous, les êtres humains, comme tout ce qui vit, ne pouvons survivre, c'est-à-dire nous maintenir à un haut niveau néguentropique, qu'en dégradant la néguentropie environnante. Nous appelons cela, à tort, consommer de l'énergie. C'est de la néguentropie, de l'ordre, de l'organisation que nous détruisons et non de l'énergie que nous consommons.

Pour le dire d'un mot : nous ne nous maintenons en vie qu'en détruisant notre environnement. Plus nombreux nous sommes et plus grandes sont nos fringales, plus vite nous détruisons la branche sur laquelle nous sommes assis : notre bonne vieille Terre et sa biosphère.

Il n'y a pas et il n'y aura jamais de miracles technologiques qui puissent nous faire échapper aux inexorables lois de la physique et de la thermodynamique. Dont acte !

Pour faire fonctionner notre système socioéconomique, nous avons également besoin de *connaissances*. Ne serait-ce que de connaissance en thermodynamique pour comprendre ce qui nous arrive en matière de pénurie énergétique. Bref...

Par connaissance, il faut entendre tout ensemble d'informations structurées et organisées qui permette d'agir avec efficacité.

La courbe d'accumulation des connaissances techniques humaines est une exponentielle qui s'accélère incroyablement, surtout depuis un bon siècle. Les technologies informatiques et la Toile ne font qu'accélérer encore plus le phénomène. La quantité de connaissance technique produite ces soixante dernières années est supérieure à toute la production de connaissance technique de toutes les époques antérieures. C'est assez dire !

Mais la connaissance humaine ne se limite pas à la seule connaissance technique. Le philosophe allemand Heidegger faisait une distinction forte entre l'esprit technique qui apporte des solutions et l'esprit poétique qui apporte du sens. Pas très loin de lui, je poserais, en face des connaissances techniques, ce que j'appellerais les connaissances philosophiques où l'on trouvera, pêle-mêle, les aspects spirituels, éthiques et esthétiques de la pensée. Et, de ces points de vue, c'est plutôt la Bérézina depuis un gros siècle. Le prix à payer pour l'abondance matérielle qui est la nôtre est une immense misère spirituelle, un néfaste désastre éthique et une incroyable indigence esthétique. Il est temps de re-spiritualiser, de re-moraliser et de r-embellir notre système socioéconomique.

Les *marchés*, enfin, constituent la troisième catégorie des ressources indispensables au système socioéconomique.

Il faut étendre l'acception de cette notion de « marché ». Il ne concerne pas seulement les lieux matériels des transactions économiques, mais, plus généralement, les lieux, matériels et immatériels, de relations socioéconomiques. Cette nuance permet d'inclure, dans le vaste champ socioéconomique, toute l'économie démonétisée (cf. *Économie démonétisée*, Marc Halévy, Dangles, 2010) où l'on trouvera le bénévolat, le troc, les logiciels libres, les productions autarciques (le potager, le clapier, la basse-cour), les échanges privés communautaires (les SEL, les monnaies privées), etc.

La notion de marché n'est, en somme, que l'expression concrète de celle de besoin. Il y a marché, s'il y a besoin. Réels ou imaginaires, exprimés ou fabriqués, matériels ou affectifs, immédiats ou différés, peu importe. Le marché traduit l'ensemble de tous ces besoins ressentis par les êtres humains et qui constituent la demande économique globale.

Les acteurs : une poupée russe

Le système socioéconomique, comme tout système complexe, est ternaire. Il appelle une structure, des acteurs et une logique.

La structure en est le squelette. Les acteurs en sont les organes et les muscles. La logique en est le métabolisme. Ces trois ensembles font du système un organisme vivant, à part entière.

Voilà donc un point à soulever avant que d'étudier les acteurs qui feront se mouvoir le tout : le système socioéconomique est un organisme vivant.

Comme la ruche est un organisme vivant pour les abeilles qui y œuvrent. Oui, la ruche, prise comme un tout, est un organisme vivant. Elle est un animal sauvage global.

Comme un arbre, selon les descriptions lumineuses qu'en donne Jean-Henri Fabre dans *La Plante*, est une colonie de bourgeons dont chacun vit sa vie, fédéré aux autres par une infrastructure commune.

De même, nous les hommes, acteurs du système socioéconomique, agissons sur un plan où chacun vit sa vie propre comme il peut ou veut. Mais le système socioéconomique vit aussi sa vie propre, sur un autre plan existentiel que le nôtre, selon d'autres lois que celles qui régissent nos existences individuelles.

Pour le mieux comprendre, il suffit d'inverser le regard et de considérer que chacune de nos cellules vit sa vie propre à son niveau et que cela ne nous empêche nullement de vivre nos vies d'homme sur le plan qui est le nôtre.

Ainsi, le système socioéconomique obéit à sa propre logique globale qui est indépendante de la logique de vie des acteurs que nous sommes. Répétons-le, la finalité de tout système se concentre sur son propre accomplissement plein.

Le système socioéconomique déploie, à son propre bénéfice, la même logique processuelle que celle mise en œuvre par n'importe quel être humain pour lui-même. Cette logique – ternaire, cela va de soi – sera explicitée plus loin.

Le système socioéconomique humain se place à un niveau intermédiaire entre, dessous, les communautés et les individus humains qui y œuvrent, et, dessus, la biosphère terrestre.

Sur ce niveau intermédiaire, le système socioéconomique, qui optimise les activités humaines, n'est pas seul à se construire et à se nourrir des communautés et individus humains ; il est complété par le système sociopolitique (les gouvernements, les institutions) qui optimise les territoires humains et leurs infrastructures, et par le système socionoétique (les universités, les codes) qui optimise les paradigmes humains et leurs contenus.

Ensemble, ces trois vastes systèmes globaux constituent le système humain, le « phénomène humain », aurait dit Pierre Teilhard de Chardin. Ensemble, ils tissent l'interface entre chaque être humain et la biosphère terrestre.

Chaque homme en est, en même temps, l'acteur et le bénéficiaire comme, au sein de notre corps, chaque cellule contribue au tout en échange des flux nécessaires à son propre développement, à sa propre bonne santé.

Symétriquement, le système humain ne peut être accueilli et toléré par la biosphère terrestre qui l'englobe et le nourrit (car tout ce que nous consommons vient de la Nature, directement ou indirectement) que dans la stricte mesure où l'humanité contribue positivement au bon développement et à la bonne santé de ladite biosphère. Et l'on comprend vite qu'aujourd'hui, c'est là aussi que le bât blesse.

On a bien compris, je pense, que le système socioéconomique se déploie comme interface entre les communautés humaines – elles-mêmes constituées d'individus – et la biosphère qui englobe le tout.

Entre ces quatre strates se tissent des relations denses, fortes, puissantes. Et ces relations appellent des « règles du jeu » qui permettent aux intérêts parfois divergents de chacune d'elles de trouver des dénouements honorables, c'est-à-dire équilibrés et durables. Une éthique de l'élégance, en somme...

Cette éthique possède un socle trépied : une téléologie, une éthologie et une écologie.

Voyons le sens de ces mots techniques, d'abord.

La téléologie est l'étude des buts, finalités, intentions ; elle cherche à comprendre les motivations profondes des acteurs.

L'éthologie est l'étude des comportements, des mœurs, des conduites ; elle cherche à comprendre les modes d'action des acteurs.

L'écologie est l'étude de l'habitat, de l'environnement, du milieu : elle cherche à comprendre les modalités de vie des acteurs.

Ceci étant posé, cherchons à discerner le fondement éthique des relations entre le système socioéconomique d'une part, et ses trois acteurs que sont la biosphère, les communautés humaines et les individus humains, d'autre part.

L'écologie est évidemment le fondement de la relation entre ce système et la biosphère. Il ne s'agit pas ici de prôner une quelconque militance écologiste, mais seulement de fonder une éthique écologique qui prend acte que le système socioéconomique humain dépend totalement de la biosphère terrestre pour sa propre survie et qu'il est impérieux qu'il finisse par comprendre que la Terre est un jardin à cultiver avec soin et non un réservoir à piller sans vergogne. Répétons ce truisme : l'homme ne survit que grâce à la Nature, il ne peut survivre hors d'elle. S'il tue la Nature, c'est lui-même qu'il tue. Cultiver : oui ! Piller : non !

Il suffit d'un peu de bon sens pour comprendre cela. Mais cela fait cent cinquante ans que ce bon sens paysan manque funestement à l'humanité.

Les communautés humaines œuvrent au sein du système socioéconomique. Elles en sont les pourvoyeurs de travail et d'appétit, de main-d'œuvre et de ventre-à-nourrir. Un homme seul peut difficilement influer sur le système économique (encore moins sur le système politique qui, au contraire de l'économie, peut vivre en roue libre et en vase clos sans tenir compte des acteurs de la base). Mais les communautés le peuvent : syndicats patronaux ou ouvriers, groupes de pression ou de lobbying, syndicats de consommateurs, etc.

Les comportements de ces communautés à l'encontre du système socioéconomique déterminent une éthologie globale comme deuxième axe de l'éthique globale.

Comment donc se comportent les divers groupes humains ? Quel est le moteur de leurs revendications ?

Enfin, au niveau le plus « élémentaire », au bas de l'échelle, il y a les individus sans lesquels rien ne fonctionne, sans lesquels rien n'existe, sans lesquels rien n'a de sens. Cette dernière remarque fonde l'axe téléologique de notre éthique globale. Si, tout au-dessus de l'échelle, la survie du système humain dépend de sa capacité écologique, tout en dessous de la même échelle, rien n'a de sens si les hommes et les femmes individuels qui font « tourner la boutique » ne trouvent pas du sens, c'est-à-dire une réelle téléologie dans leur relation à l'économie, tant par leur travail que par leur consommation.

Les individus : une téléologie

Chaque individu est à la fois producteur et consommateur. Mais produire, pour quoi faire ? Et consommer, pour quoi faire ? Quel est le but réel et ultime de tous ces jeux de rôles qui saucissonnent l'existence en un empilement de masques et de déguisements parfois bien lourds à porter ?

Qu'est-ce qui donne du sens ? Qu'est-ce qui fait sens ? La question du sens est au cœur de la mutation paradigmatique que nous vivons. Les certitudes d'antan ont commencé de s'étioler, on l'a vu, lors de cette boucherie terrible que fut la « grande guerre ». Les concepts-clés de la Modernité était, alors, encore bien ancrés : Morale, République, Travail, Famille, Raison, Science, etc. Ces concepts avaient alors pleine valeur. Depuis, l'eau a coulé sous les ponts et en a érodé les pieds d'argile. Le colosse s'effondre. Non que ces valeurs fussent fausses, mais bien parce qu'elles ont fait leur temps. Les valeurs, comme les idées ou les théories, ont toutes et chacune leur cycle de vie, avec naissance, croissance, maturité, déclin et mort. Les valeurs de la Modernité sont en déclin depuis plus d'un siècle et seront bientôt toutes mortes, n'en déplaise aux nostalgiques des Humanistes et des Lumières.

De nouvelles valeurs émergent qui auront mission de donner du sens à l'ère qui s'entame.

En attendant, le système socioéconomique a pour mission de contribuer à fournir aux hommes ce qu'ils réclament pour donner du sens à leur existence. J'écris : « de contribuer à fournir », dans le but d'attirer l'attention sur ce fait parfois occulté que ce n'est pas à l'économie de fournir *tout* le sens de l'existence. Les autres systèmes humains, politique et noétique, ont, eux aussi, leur contribution à assumer. Donner du sens dans la relation à la Nature. Donner du sens par la relation désintéressée à l'autre, proche, avec qui se déploient des notions d'amour, d'amitié, de fraternité... ou leurs contraires.

Avant de s'aventurer à décrire les grandes voies de sens que l'humanité a parcourues, une question lancinante se pose : l'univers a-t-il un sens ou est-ce l'homme qui doit lui donner du sens ?

Si l'univers a un sens, intrinsèquement, que l'homme existe ou pas, alors, le *devoir* de l'homme est de s'inscrire dans le sens de ce sens, si j'ose écrire ainsi. En effet, nager à contre-courant ne fait que condamner à l'épuisement et à la noyade. C'est toute la signification du non-agir au cœur de la philosophie du Tao : s'inscrire dans les lignes de force du réel alentour qui, peu ou prou, continuera toujours de couler vers son destin. Les philosophies grecques antiques, lorsqu'elles prônaient de vivre à l'imitation de la Nature, ne plaidaient pas une autre cause.

Mais si l'univers n'a pas de sens, si, comme le pensent le matérialisme, le hasardisme ou l'athéisme, l'univers est un magma absurde venu du néant et y retournant, ne produisant, par hasard, que des choses et des êtres aussi absurdes que lui, alors, pour vivre debout, l'homme doit s'ingénier à donner du sens à ce qui, sans lui, n'en aurait pas. Plus exactement, son *devoir*, alors, est de se construire une intention digne et noble, élégante et riche, qui permette de donner sens et valeur à chaque geste, à chaque parole, à chaque pensée.

L'artiste, par exemple, pourrait donner sens à son existence en embellissant le monde, malgré son absurdité. Ou le savant, en en décryptant les arcanes et les lois. Ou l'homme de la rue, en y faisant fleurir de la joie et des rires...

Quoi qu'il en soit, que l'univers ait ou pas un sens par lui-même, la question du sens de l'existence pour l'homme reste une question essentielle, notamment dans ses rapports avec le système socioéconomique : pour quoi travailler et consommer ?

Trois grandes catégories de réponses ont été données à ces brûlantes questions.

Elles passent par trois verbes banals : avoir, être et devenir.

Telles sont les trois grandes sources de toute motivation humaine. Passons-les en revue après avoir clairement vu qu'il n'y a pas d'autres voies puisque ces trois verbes couvrent toutes les catégories du langage et que, quoi que l'on veuille exprimer, il faudra bien passer par l'un de ces trois.

Entre moi et un « autre », quel qu'il soit, il n'y a que ces trois possibilités (sachant que la négation de la relation est la même relation, mais à l'envers) : ou bien je possède cet « autre » (avoir), ou bien je parais cet « autre » (être), ou bien j'évolue vers cet « autre » (devenir).

Avoir...

La possession de l'autre, que celui-ci soit un être ou une chose, est un des ressorts premiers du comportement des humains. Il est plus rare chez les autres animaux. Posséder pour quoi ? Tout simplement parce que la possession garantit, à tout moment, la jouissance. Elle élimine donc l'angoisse du manque, de la privation, de l'absence. Nous verrons, plus loin, que la propriété – qui, selon Proudhon, est le vol – légalise la relation de possession (comme le contrat de mariage, d'ailleurs) mais que, de plus en plus, le système socioéconomique tend à disjoindre la nue-propriété (la possession du titre de propriété) et l'usufruit (la possibilité d'usage). On peut vendre de l'usage sans nécessairement qu'il y ait possession. La montée en puissance des objets immatériels (connaissance, idée, information) exacerbe, bien sûr, cette tendance.

Mais la possession induit l'accumulation qui bien vite excède les capacités de jouissance du possesseur. L'accumulation, alors, devient une fin en soi. Posséder non pour jouir, mais pour posséder. Avoir pour utiliser, d'abord. Avoir pour avoir, ensuite. On sent immédiatement qu'il y a là un glissement pervers qui peut devenir pathologique. Quoi qu'il en soit, le système socioéconomique est apte à fournir certains biens (des choses) et services (des êtres) qui alimentent l'avoir des individus.

Être...

Je suis ce que je fais. Je suis ce que je parais. Aristote disait de la métaphysique qu'elle est l'étude de l'être en tant qu'être. Heidegger parlait de l'être (la nature profonde) de l'étant (ce qui existe là). La question de l'être est vaste et elle sort du cadre de ce travail. Elle mérite pourtant méditation : qui suis-je vraiment ? Qu'est-ce qui est « je » ? Qu'est-ce que « je » ? Au niveau plus concret, on est ce que l'on paraît dans un regard, soit le sien propre, soit celui de l'autre. Je suis ce que je vois de moi et/ou ce que je crois que l'autre voit de moi. Bref, je suis mon image, ma propre image. Et, là encore, le système socioéconomique peut jouer son rôle de fournisseur en transformant mon image ou en la faisant voir comme cela me convient.

Devenir...

L'homme est un processus, une démarche, une construction, une logique en marche, un déploiement d'être. Devenir est la loi ultime de tout ce qui existe. L'univers lui-même est en devenir permanent : la grande découverte de ces derniers cent cinquante ans est la loi de l'évolution : évolution des espèces vivantes (Lamarck), évolution des continents (Wegener), évolution de l'univers (Einstein, Friedman, Lemaître, Gamow), évolution de l'esprit (Teilhard de Chardin). Évolution de tout en tout. L'impermanence est la règle, l'invariance est l'exception.

Face à cette soif de devenir, le système socioéconomique peut fournir des méthodes, des outils, des accompagnements... mais aussi des ersatz, des impostures, des travestissements.

On comprend sans peine que la nature des offres possibles dépend des ressources disponibles.

Les communautés : une éthologie

Les communautés humaines interfèrent avec le système socioéconomique spécialement au travers de ses entreprises et de ses institutions. Précisons...

Entreprise...

L'entreprise doit être reconsidérée ici en son sens le plus large. Ce qui la distingue des autres communautés humaines, c'est son caractère privé – donc, non public –, c'est-à-dire le fait qu'elle est une émergence spontanée, individuelle ou collective, visant à réaliser un projet de nature économique – sans être nécessairement financier. Une association sans but lucratif, un collectif d'action, un syndicat de consommateurs, un cercle d'échange de savoirs, une organisation humanitaire, un *think tank*, une œuvre de charité, un centre de bénévolat sont autant d'entreprises privées qui n'entrent pas nécessairement dans les statuts légaux habituels. Mais bien sûr, toutes les entreprises, au sens classique, sont également des entreprises à part entière. Par contre, les entreprises dont l'État, ou quelque institution politique que ce soit, détient soit la majorité du capital, soit le pouvoir de gouvernance, n'est pas une entreprise puisque inféodée aux pouvoirs publics. Ces organisations, même industrielles ou financières, sont des institutions, non des entreprises.

Institutions...

Il suffit de symétriser la définition donnée ci-dessus pour comprendre, en miroir, ce qu'est une institution. Une institution est une organisation, fonctionnaire ou pas, de caractère public, mise en place par volonté politique et financée par les contributions privées au titre des diverses formes de taxation, directes ou indirectes, visibles ou cachées.

L'État est, bien sûr, une institution, comme ses divers ministères ; les conseils régionaux, les régies d'État, la SNCF, la RATP, la Poste, bien des hôpitaux, la plupart des écoles, collèges, lycées et universités, le CNRS, etc. le sont autant. Partout où l'État ou ses appendices directs ou indirects ont le pouvoir de nommer les dirigeants et/ou de tenir les cordons de la bourse, il y a institution publique et non entreprise privée.

Ce qui caractérise une institution – mais avec des nuances plus ou moins marquées –, c'est son caractère bureaucratique, au sens où le définit génialement Michel Crozier, notamment dans son ouvrage fameux (et qui n'a pas pris une ride malgré son âge) : *Le Phénomène bureaucratique* (Points, 1971). Nous y reviendrons.

Entre entreprises privées et institutions publiques, il existe une zone grise. Par exemple, les entreprises privées bénéficiant d'aides, de financements ou de subsides publics conséquents, les entreprises ayant un actionnaire public non majoritaire ou une gouvernance semi-publique, etc. Et tous leurs symétriques où un peu de « privé » est injecté dans le « public »...

Appelons-les les « organisations mixtes » ou, plus simplement, les « mixtes ». De façon générale, les mixtes sont des organisations en transition. Soit le public y est présent de façon temporaire, mais la tendance de fond va à la privatisation, soit le mouvement est inverse.

Pendant un temps (dans l'immédiat après-mai 68), surtout à Gauche, les « mixtes » ont été portées aux nues comme *la* solution entre le supposé court-termisme cupide et ravageur des entreprises privées et la tout autant supposée sagesse bienveillante et équilibrante des institutions publiques.

Aujourd'hui, heureusement, on n'en est plus là : le mythe est mort et l'on sait qu'une logique patrimoniale d'actionnaires familiaux, par exemple, est bien plus sécurisante pour l'emploi et la pérennité que l'électoralisme et le clientélisme forcenés de la plupart des élus ou de leurs affidés qui dilapident le trésor public sans aucune compétence ni entrepreneuriale, ni gestionnaire.

Mais venons-en à l'éthologie économique...

L'éthologie étudie, on le sait, les comportements, et ici, plus spécifiquement, les attitudes et mouvements de nos communautés humaines (entreprises, institutions et mixtes) à l'égard du système socioéconomique qui les englobe.

Il s'agit donc de pister les comportements à l'intérieur de ce triangle : économie, entreprises, institutions.

Revenons aux fondamentaux : le système socioéconomique global vise, d'abord, à son propre accomplissement en plénitude. Chaque entreprise privée et chaque institution publique aussi. Les chemins de ce triple accomplissement sont parfois parallèles, mais ils sont souvent antagoniques.

Ce qui est bon ou bien pour l'économie globale ne l'est pas forcément pour telle entreprise ou telle institution. Et ce qui est profitable (électoralement, fiscalement, politiquement) pour telle institution publique ne l'est en général pas pour l'économie en général, ni pour la plupart des entreprises privées. De même, enfin, ce qui est trop juteux pour telle entreprise privée lèse souvent les marchés et déséquilibre les fonctions de régulation publique.

Quel est le critère de convergence qui puisse permettre à l'économie, aux entreprises et aux institutions de remplir leur rôle en harmonie, en évitant, autant que faire se peut, les dysfonctionnements et les accaparements illégitimes ? Autrement dit, quel est le critère de légitimité du système socioéconomique (et du système sociopolitique qui, on l'a bien vu, interfère avec lui) ?

La réponse paraît simple, au premier abord : l'homme. C'est-à-dire l'homme individuel. La satisfaction de ses besoins légitimes. Sa bonne santé physique, morale et mentale. Mais, bien sûr, les questions fusent : qu'est-ce que la « satisfaction » ? Quels besoins sont légitimes ? Qu'est-ce qu'une « bonne » santé ? Qu'est-ce que la santé « physique », ou « morale », ou « mentale » ?

À cette maudite question : « Au service de quoi l'économie doit-elle se mettre ? », on sait déjà que la réponse n'est ni au service de la finance (les calamités récentes l'ont définitivement démontré), ni au service d'elle-même (la « croissance » pour la croissance !) ; on voit ici que cette réponse n'est pas non plus « au service de l'homme » car les regards de l'homme sur l'homme sont innombrables (lequel serait le bon ?) et les humains, pour une large majorité, sont des prédateurs peu recommandables. Alors ?

Il faut dès lors en revenir au principe donné plus haut : il y était dit que la définition de la finalité du système socioéconomique revenait, *in fine*, à la responsabilité personnelle du travailleur-consommateur qui, par ses choix d'emploi et d'achat, devait assumer sa position face au système. Il en va de même ici où, *in fine*, il faut admettre qu'il n'y a pas de critère universel à la légitimité de l'économie. Comme le comportement global du système socioéconomique n'est que la résultante des comportements réels de toutes les entreprises privées et de toutes les institutions publiques, il revient à chacune de celles-ci de se légitimer aux yeux des autres acteurs, par la qualité de son projet et par la valeur d'usage de ce qu'elle produit. Pour les entreprises privées, dans un monde de travailleurs-consommateurs responsables (mais l'on est bien loin du compte, aujourd'hui), la sanction est immédiate. Pour les institutions publiques, il en va tout autrement puisqu'elles sont, le plus souvent, exonérées de toute sanction directe, protégées par le parapluie sociopolitique autoréférentiel que les pluies démocratiques ne pénètrent pas : elles jouissent d'une impunité de fait.

La biosphère : une écologie

Tout système puise ses nourritures dans le milieu qui l'accueille. Ainsi en va-t-il pour le système socioéconomique qui puise ses ressources dans son environnement. Pour simplifier, appelons « biosphère » cet environnement, même s'il est vrai que certaines ressources importantes sont minérales et que la minéralité est normalement exclue du domaine de la biosphère.

Mais si l'on accepte – et il est bien difficile aujourd'hui de ne pas l'accepter, sauf à verser dans un mécanicisme obstiné et obsolète à la Dawkins – l'hypothèse Gaïa, formulée dès 1974 par James Lovelock et Lynn Margulis, hypothèse qui dit que la Terre, prise comme un tout, est un organisme vivant – ce qui est une conséquence directe de son niveau de complexité globale –, alors le terme de « biosphère » n'est pas illégitime pour couvrir la totalité de ce qui n'est pas la « couche » des artefacts humains. Par biosphère, au sens large, ici et plus loin, j'entends donc la lithosphère, l'aquasphère, l'atmosphère et la biosphère au sens strict (y compris les animaux humains et leurs ressources naturelles propres comme leur force de travail) et j'en exclus toutes les productions matérielles, techniques, culturelles et idéologiques des hommes.

Le système socioéconomique puise, dans la biosphère, deux grandes familles de ressources : les ressources « naturelles » (matières et énergies) et les ressources « humaines » (du travail essentiellement, que celui-ci soit physique ou mental).

Quelle que soit la ressource considérée, il faut regarder quatre paramètres :

– la quantité en stock (S),

– la quantité prélevée (P qui symbolise le prélèvement total par unité de temps),

– la quantité reconstituée (R qui symbolise le renouvellement total par unité de temps),

– la quantité apportée (A qui symbolise l'apport extérieur par unité de temps).

Prenons deux exemples.

L'énergie, d'abord : la Terre en contient une certaine quantité sous diverses formes (gisement de pétrole ou de gaz, gisement d'uranium, biomasse, etc.), en reconstitue (par exemple, en transformant, par photosynthèse, des sels minéraux et de la lumière solaire en macromolécules hydrocarbonées), en perd (par ponction et consommation humaines) et en reçoit (l'apport de la lumière solaire, essentiellement).

Le travail humain, ensuite : il y a un stock équivalent à 65 millions de Français multipliés par 35 heures par semaine, dont on prélève une part d'environ 83 % (le taux d'inemploi en France étant d'environ 17 % de la population employable), qui se reconstitue (un peu moins chaque année, vieillissement oblige) par le repos et le sommeil, qui augmente naturellement par l'arrivée de nouveaux entrants sur le marché de l'emploi (jeunes et immigrés).

Il ne faut pas avoir fait beaucoup de mathématiques pour pouvoir écrire que :

$$dS = R + A - P$$

où la lettre d symbolise la variation par unité de temps.

À lire ceci, il n'est pas bien compliqué de comprendre que si P est plus grand que la somme de R et A, le stock diminue et finit par s'épuiser.

C'est le cas, depuis 1850, pour toutes les ressources naturelles. En cent cinquante ans, l'homme a consommé 80 % de tous les stocks de toutes les ressources naturelles que la Terre avait accumulées dans ses flancs depuis des centaines de millions d'années.

Le cas est inverse pour les ressources humaines puisque la démographie humaine sur Terre est une exponentielle terriblement croissante, comme en témoigne le graphique ci-après.

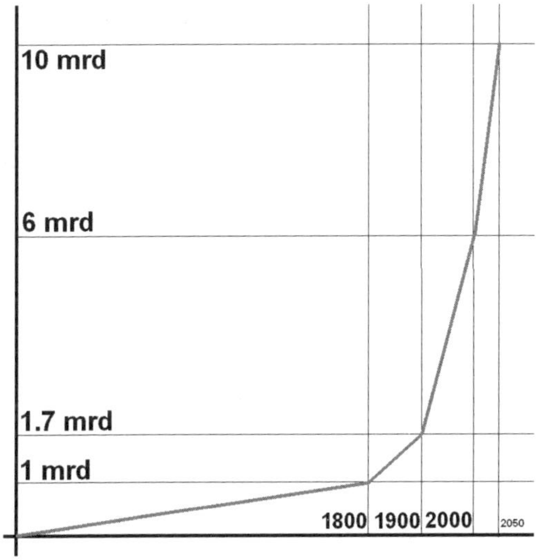

De plus, il faut coupler les deux considérations et voir que, sans ressources naturelles, la ressource humaine non seulement devient inutile puisqu'il n'y a rien à transformer, mais meurt puisqu'il n'y a plus rien à manger. De plus, le facteur P de notre petite équation, qui symbolise le prélèvement des ressources par l'homme, croît évidemment exponentiellement au même rythme que la démographie.

Si l'on considère la Terre comme un tout et que l'on s'intéresse à la totalité des ressources naturelles qu'elle contient et/ou fabrique, quelques considérations générales et irréfutables sont nécessaires pour prendre la mesure exacte de la situation réelle.

Primo : la seule ressource qui est apportée de l'extérieur, outre quelques fragments météoritiques insignifiants, est la lumière solaire. Le flux solaire touchant la Terre est une constante. Ce flux est de l'énergie lumineuse fort diluée, de basse qualité (haute entropie), qui doit être captée et reconcentrée pour devenir utilisable. Les rendements de ces processus de captation et de reconcentration sont généralement assez mauvais, d'abord thermodynamiquement du fait de l'entropie élevée du flux solaire, mais aussi du fait qu'une grande partie, sinon la totalité (voire plus dans le cas des éoliennes et des panneaux photovoltaïques) de l'énergie captée et reconcentrée doit être utilisée pour fabriquer, entretenir, réparer et recycler les appareils de captation et de reconcentration eux-mêmes. Encore une fois, il n'y a jamais de miracle en thermodynamique et le mouvement perpétuel (comme la fission à froid) est pure fiction, pur mythe, pur phantasme, pure illusion.

Secundo : une ressource n'est jamais épuisée totalement. Mais, plus elle s'épuise, plus son coût d'extraction et de préparation devient élevé. Et je ne parle pas seulement des coûts économiques directs (investissement, exploitation, etc.), mais aussi des coûts humains et écologiques indirects qui, comme dans le cas de l'exploitation des gaz de schiste, deviennent outrageusement et scandaleusement prohibitifs. Rien que de logique : pour atteindre le dernier carat enfoui, il faut détruire de plus en plus.

Tertio : la démographie humaine est une exponentielle démentielle qui va atteindre les 10 milliards d'humains vers 2050 (demain matin !). Après cette date, certains démographes prédisent une stagnation, voire un recul de la population humaine globale... mais à la condition que le niveau de vie et de pouvoir d'achat des peuplades trop fécondes continue d'augmenter plus vite que cette démographie même et que puisse leur être appliquée cette « loi » sociologique vérifiée dans les pays développés édictant que « plus on est riche, moins on fait d'enfants ». Cette prédiction démographique rassurante ne sera jamais réalisée pour la simple raison que la « croissance » économique globale est devenue négative alors que la démographie humaine globale reste terriblement croissante : la conséquence en est la paupérisation accélérée de ceux dont on espérerait restreindre les ardeurs matrimoniales par une meilleure aisance de vie.

Quarto : revenons à notre petite équation qui dit que : $dS = R + A-P$. Si l'on veut permettre une survie durable des humains sur Terre, il faut atteindre un $dS = 0$. Il faut donc que $R + A = P$, ce qui implique que le prélèvement total de ressources par l'homme soit exactement égal au renouvellement naturel de ces ressources augmenté de l'apport en énergie solaire. Le calcul a été fait de nombreuses manières, par des chercheurs sérieux et indépendants, et il aboutit toujours au même résultat : dans ces conditions, ne peut survivre durablement sur Terre qu'une population humaine totale située entre 1 et 1,5 milliard.

La technologie n'y fera rien puisque la technologie, comme le reste, est soumise aux lois de la physique en général et de la thermodynamique en particulier. On peut toujours croire aux miracles, au Père Noël ou au mouvement perpétuel... mais les faits sont là, inexorables, irréfragables.

Notons au passage qu'il suffirait d'appliquer *partout*, pendant trois générations successives, la règle numéro 1 de n'avoir qu'un enfant par couple, et ensuite – après trois générations de règle numéro 1, donc – d'appliquer pour toujours la règle numéro 2 de ne faire que deux enfants par couple, et le problème de la survie durable de l'humanité serait définitivement réglé.

Quinto : les effets d'annonce, de nos jours, ne manquent pas qui masquent mal le refus de cette logique globale et définitive de pénurie sur les ressources naturelles. Chaque fois, du moins lorsqu'il ne s'agit pas de purs et simples délires journalistiques, idéologiques ou politiques, il y a déplacement du problème d'une ressource déjà fort pénurique vers une autre qui l'est moins. On comprend vite que déplacer le problème avec de la technologie ne résout rien. Ainsi, préconiser les biocarburants alors que le stock de terres arables et d'eau douce indispensables pour nourrir l'humanité est déjà trop faible est simplement irresponsable, malveillant, manipulatoire ou grotesque... je laisse à mon lecteur le choix de l'adjectif qui lui convient.

La logique : trois propensions universelles

Aristote avait vu juste : tout ce qui existe est un mélange particulier des trois fondements du réel que sont la substance, la forme et le mouvement.

La théorie de la complexité reprend ces trois fondamentaux, mais en les généralisant en parlant d'espace volumétrique (l'espace-temps courbe de la relativité générale) au lieu de substance, d'espace eidétique (du grec *eïdos* qui signifie « forme ») au lieu de forme, et d'espace dynamique au lieu de mouvement.

Pour notre système socioéconomique, nous avons déjà évoqué, sans le dire, les patrimoines (qui forment le terrain ou territoire du système), les organisations (qui donnent leur « forme » aux entités économiques) et les activités (qui traduisent l'ensemble des mouvements et transformations propres au travail économique).

Dans ce qui suit, à titre d'introduction un peu théorique pour mieux comprendre la suite, nous envisagerons, en toute généralité, l'étendue du processus économique, sa néguentropie (la néguentropie, inverse de l'entropie thermodynamicienne, mesure le degré de sophistication des architectures et organisations, c'est-à-dire la densité informationnelle qu'elles contiennent, donc, d'un mot, leur complexité intrinsèque) et sa vitalité (la force de son dynamisme, l'énergie de ses activités).

Mais avant d'aborder ces trois dimensions fondamentales du système socioéconomique, il convient de bien préciser ceci : ce que nous appelons le système socioéconomique n'est que l'état actuel du processus socioéconomique qui a commencé dès les premières activités de production et d'échange entre les hommes.

Un processus n'est pas un objet comme le serait un système donné à un instant donné. Il est une logique en marche, un déploiement, un élan d'accomplissement d'une logique intrinsèque.

De la même manière, chacun d'entre nous est un processus qui, depuis la fécondation d'un ovule par un spermatozoïde dans le ventre de notre mère, n'a cessé de se déployer corporellement, affectivement, intellectuellement et spirituellement. Chaque jour qui passe nous rend, chacun, différent de ce que nous étions la veille.

Chacun d'entre nous a son propre territoire[1] : sa maison et tout son contenu, son jardin avec ses arbres, ses légumes et ses ruches (... et ses taupes), sa famille, ses amis, ses relations sociales, politiques, professionnelles, ses livres, ses sites de référence sur la Toile, tous les faits, tous les savoirs et toutes les connaissances emmagasinées dans sa mémoire...

Chacun d'entre nous a sa propre « forme » que l'on appelle son idiosyncrasie (ce qui fait que vous êtes vous et pas un autre) et qui se présente comme une architecture complexe où l'on retrouve le caractère, la personnalité, les talents, les aspirations, les modèles de vie, les rêves, etc.

Chacun d'entre nous construit sa propre trajectoire de vie en posant des actes, en produisant des pensées, et émettant des paroles ; cette trajectoire de vie est la résultante de nos activités qui mettent en œuvre, à la fois, nos territoires et notre idiosyncrasie. C'est cela « vivre », et rien d'autre.

Pour tout système complexe, du plus élémentaire au plus sophistiqué, il en va de même. Ainsi en va-t-il pour le système socioéconomique qui nous occupe.

Mais regardons de plus près ce que je viens d'appeler la trajectoire de vie d'un homme. On voit assez vite que cette trajectoire n'est jamais bien lisse, jamais aussi bien léchée qu'un beau trait plein de calligraphe. En y regardant d'assez près, nous y retrouverions facilement les quatre composantes du temps de toute histoire telles qu'elles furent décrites dans le prologue.

La trajectoire montre des invariants : je suis moi depuis longtemps et certains traits caractéristiques me sont propres et ne changeront guère avec le temps. Elle montre aussi des composantes progressives inéluctables : le fait que j'ai grandi en taille jusqu'à 20 ans environ, le fait que je ne cesse de vieillir de jour en jour, le fait que je ne cesse d'apprendre et d'accumuler des faits et des savoirs dans ma mémoire, etc.

La trajectoire de vie subit aussi des variations chaotiques suscitées par les événements, joyeux ou tristes, souvent imprévisibles, de la vie...

---

1 Plus loin, nous reprendrons cette idée en parlant, pour chacun, de *son* monde, de son monde propre.

Et, enfin, cette trajectoire de vie présente des aspects cycliques : jusqu'à 7 ans, le petit enfant grandit dans son corps, mais son esprit reste dans le moule ambiant, il n'a pas encore atteint ce que l'on appelait naguère « l'âge de raison ». De 7 à 18 ans, il grandit et apprend la « culture générale ». De 18 à 29 ans, il se construit professionnellement et socialement. De 29 à 40, il se bâtit une famille et une carrière. De 40 à 51 ans, il consolide les bases de son patrimoine, acquiert sa maison, établit son pouvoir d'achat. De 51 à 62 ans, il termine sa vie professionnelle et commence à repenser à lui, les enfants étant sortis du nid. De 62 à 73 ans, il atteint la retraite et se dote d'un nouvel art de vivre en sagesse. De 73 à 84, si sa santé le lui permet, il jouit d'une vie paisible et détachée, parmi les activités, êtres et choses qui lui sont chers. Et au-delà...

La vie est ainsi scandée en sept cycles (ou plus ...) d'onze ans chacun, environ. Chacun se termine par une « crise » de vie, une rupture de logique. Les crises de l'adolescence, de la quarantaine (40 ans) ou de la retraite (62 ans) sont bien connues.

Il en va de même pour le système socioéconomique qui, depuis l'invention de l'écriture et, donc, l'entrée dans l'histoire, entame, sous nos yeux, son septième cycle (après le chaldéen, le grec, le romain, le goth, le féodal et le moderne – cf. le prologue ci-dessus).

À chaque fin de cycle, l'histoire subit une bifurcation, une mutation de la logique économique. Ainsi, la logique économique féodale qui était agraire, terrienne et campagnarde se mua en une logique économique marchande, monétaire et urbaine entre XVe et XVIe siècles.

Nous vivons aujourd'hui une mutation profonde du même acabit avec d'autres unités pour la richesse économique (en plus de l'argent, vient maintenant le talent), d'autres promoteurs de la richesse économique (les porteurs de savoir-faire, de connaissances et de génies) et d'autres lieux (la Toile) d'échanges économiques.

Mais, quelles que soient ces bifurcations, les trois fondamentaux de toute logique économique demeurent : l'étendue des territoires, la complexité des organisations et la vitalité des activités. Ce sont ces trois dimensions que nous allons, à présent, étudier.

L'étendue : entre expansion et concentration

Comme dit plus haut, tout processus complexe s'accomplit en exploitant un territoire qui, plus qu'un simple territoire physique, rassemble une quantité de ressources internes disponibles mises au service de cet accomplissement. Ainsi, le territoire d'une entreprise privée est essentiellement représenté, dans ses aspects matériels, par les actifs de son bilan et, dans ses aspects immatériels, par les savoir-faire, heuristiques, mémoires, intelligences, talents et compétences de ses collaborateurs. Tout cela constitue son terrain de développement.

Il en va de même pour une nation dont le « territoire » s'entend au sens bien plus large que les kilomètres carrés intérieurs à ses frontières. Ce territoire « élargi » comprend son sous-sol, ses minéraux et minerais, ses nappes phréatiques, ses magmas volcaniques et ces poches de gaz ; il comprend aussi sa faune et sa flore, et tous les écosystèmes que celles-ci ont patiemment élaborés durant des millions d'années ; de plus, il y a les hommes et les femmes qui constituent sa population, avec leurs biens, leurs dettes et leurs épargnes, avec leur capacité de travail, leur goût d'entreprendre, leur volonté productive, leurs talents et leurs courages, leur niveau d'instruction et de culture ; il y a les communautés, les entreprises et les institutions qui, chacune, possèdent leurs propres actifs bilantaires et leurs propres génies collectifs ; il y a encore les trésors de mémoire que sont ses musées, ses sites préhistoriques et historiques, ses monuments, ses œuvres d'art, publiques ou privées, ses bibliothèques, ses archives, et toutes ses autres richesses culturelles ; il y a enfin ses moteurs d'avenir que sont ses collèges, ses lycées, ses hautes et grandes écoles, ses universités, ses centres de recherche, etc.

Voilà pour la part intérieure du territoire. Mais il en existe également une part extérieure comprenant ses marchés, sa crédibilité, sa visibilité, sa réputation ou renommée, ses relations et relationnels, ses alliances... et ce, au plan international, continental ou mondial.

Tout cela constitue le patrimoine global de la nation considérée.

Faisons ici un excursus. En général, depuis que le modèle américain s'est imposé à toute la planète, les diverses nations sont jaugées, classées et appréciées (et notées) à l'aune de leur PIB qui, on le sait maintenant, est une aberration ! Comme si la santé et la qualité d'une entreprise pouvaient être mesurées à l'aune de son chiffre d'affaires ; vendre beaucoup de produits à perte gonfle le chiffre d'affaires, mais conduit tout droit à la faillite. Il en va de même pour les nations, États-Unis, Chine, Inde et Brésil en tête.

Quel serait le bon critère d'évaluation des nations ? La réponse est aussi simple qu'évidente : leur taux annuel d'accroissement des territoires-patrimoines intérieurs, d'abord, extérieurs, ensuite.

De plus, le PIB (la production nette intérieure de valeurs en biens et services, officiellement déclarée) ne représente qu'une part du chiffre d'affaires d'une nation. À l'échelle mondiale, le PIB ne pèse qu'un sixième de l'économie totale où se développent, aussi, des économies pirates et « en noir », des économies mafieuses et des économies démonétisées (troc, bénévolat, production autarcique, etc.).

Il est urgent que la théorie économique – si tant est qu'une telle théorie ait un sens – bascule radicalement son regard et passe du regard productif (américain) au regard patrimonial (européen).

La notion centrale de territoire-patrimoine étant posée, tant au niveau des ménages et des entreprises qu'à celui des nations et du système socioéconomique mondial pris comme un tout, il est temps de regarder comment ce territoire a tendance à évoluer dans le temps.

Deux propensions le travaillent en permanence. L'une d'expansion, l'autre de concentration, chaque système évoluant de façon à minimiser la tension au sein de ce dipôle.

Prenons quelques exemples.

Pour le cosmologiste qui étudie l'univers physique dans sa globalité, l'expansion de l'univers est une loi fondatrice. Les galaxies s'éloignent les unes des autres comme les gros points d'encre dessinés sur une baudruche, lorsqu'on gonfle celle-ci. Mais notre cosmologiste sait que l'univers n'est pas partout en expansion (sinon celle-ci serait indécelable) et qu'il existe des zones d'activité galactique où, à l'inverse, les amas de matière se concentrent, se rassemblent et s'agglomèrent sous l'effet de la gravitation. La gravitation est le dipôle de l'expansion au niveau cosmologique.

Pour le manager, la loi du genre lui rappelle que trop d'extension de l'entreprise dilue son efficience et devient contre-productive : lorsque l'entreprise devient trop grande, des baronnies s'installent qui brisent le grand projet fédérateur et mènent des sous-projets souvent antagoniques. De plus, une trop grande taille d'entreprise induit, naturellement, des comportements bureaucratiques et fonctionnaires qu'il faut combattre par des mises en réseaux de petites entités internes. Bref, les jeux de l'expansion et de la (re) concentration y sont permanents.

Pour chacun de nous, l'énergie mentale qui nous anime doit, à chaque instant, choisir entre dispersion et concentration. Nos emplois du temps en témoignent journellement : que choisir entre « faire tout, trop vite » et « faire moins, parfaitement » ?

Ainsi, le système socioéconomique est-il, lui aussi, travaillé par ces deux propensions à l'expansion et à la concentration. Vieux dilemme entre le « faire beaucoup » et le « faire bien », entre volume et marge, entre chiffre d'affaires et profit.

L'*expansion* induit la conquête de nouveaux territoires-patrimoines, que ce soit par voie guerrière, ou par voie financière, ou par voie culturelle (en ce dernier sens, Hollywood a été, à l'échelle mondiale, le plus grand propagandiste de la vision américaine du système socioéconomique).

Et la conquête appelle un esprit de conquête, un appétit de conquête qui est la part masculine du comportement : l'image et le mythe du héros (John Wayne ou Gary Cooper, l'œil fixé sur l'horizon d'ouest, tenant le colt d'une main et la tête de l'Indien de l'autre). L'histoire montre que la plupart des guerres, surtout coloniales, recherchaient avant tout la conquête de nouveaux territoires afin, tout simplement, de les enlever de force à leurs habitants natifs (qui, à l'occasion, pouvaient être exterminés). Le mythe de la croissance des entreprises ou du PIB national ou mondial n'a pas d'autre ressort que cette propension à l'expansion sans fin.

À l'opposé, la *concentration* part d'une tout autre prémisse. Elle ne vise pas la croissance quantitative, mais bien plutôt le développement qualitatif. Que vaut-il mieux : un trésor d'un million d'euros à partager entre cent mille personnes, ou un trésor de dix mille euros à partager entre cent ?

La règle est simple : l'expansion induit une perte de densité et de qualité, alors que la concentration induit l'inverse : une perte de visibilité et de quantité.

La néguentropie : entre complexification et uniformisation

Répétons-le encore, la néguentropie est le terme physicien pour désigner la mesure de la complexité interne d'un processus ou d'un système : plus un système sera organisé avec soin, plus sa néguentropie sera grande (et, par définition, plus son entropie sera petite).

Ainsi, dans l'histoire de l'univers, l'émergence de la matière au départ de la lumière, l'émergence de la vie au départ de la matière et l'émergence de la pensée au départ de la vie sont des sauts incroyables de complexité résultant de l'évolution cosmique.

De tels sauts néguentropiques ne sont jamais gratuits. Le maintien de telles entités complexes n'est possible que par dégradation du milieu environnant. Il est coutumier de dire qu'il faut tuer pour vivre ; c'est la simple application, au quotidien, parmi les espèces animales, de cette loi universelle.

Pour vivre, nous devons manger (donc tuer) des plantes et des animaux.

Pour penser, c'est-à-dire construire des concepts abstraits très élaborés, très complexes, nous devons analyser (découper, disjoindre, détruire) les données et informations élémentaires qui sont digérées par l'esprit.

Pour croître, l'arbre doit décomposer les sels minéraux du sol et en exposer les « déchets » à la lumière solaire.

Bref : il ne peut y avoir de complexification interne sans dégradation externe. Cette loi généralise le second principe de la thermodynamique que la plupart d'entre nous avons étudiée au lycée.

Avant de revenir au système socioéconomique et de voir ce qu'y donne cette loi majeure, il est bon de faire un petit détour par les notions d'ordre et de désordre.

Il est coutumier de dire que l'entropie mesure le désordre et que la néguentropie mesure l'ordre.

On comprend bien la différence : une maison construite et terminée, et l'amoncellement pêle-mêle de tous ses matériaux représentent exactement la même quantité d'énergie (les mêmes quantités de matières différentes), mais ces deux « objets » n'en sont pas pour autant équivalents. La maison et l'amas présentent les mêmes matériaux, mais la maison les présente ordonnés dans une architecture et un montage bien organisés, alors que l'amas reste totalement difforme.

Remarquons que c'est précisément l'organisation structurée des matériaux de la maison qui rend celle-ci utilisable et qui, donc, lui donne valeur d'usage et d'échange. L'amas, quant à lui, ne « vaut » que son poids de matière, soit infiniment moins que la jolie maison en ordre.

La maison bien en ordre présente une bonne valeur néguentropique. L'amas, lui, possède une entropie élevée.

Profitons-en pour oser cette synthèse abrupte, mais parfaitement juste : ***ce qui fait la valeur économique, c'est la densité néguentropique.*** Voilà qui fait le lien entre économie et thermodynamique et qui permet donc d'appliquer à l'économie les lois de la thermodynamique. CQFD.

Mais revenons à ordre et désordre... à la maison et à l'amas de matériaux. Longtemps, la thermodynamique a cru que tout, dans l'univers, visait à maximiser l'entropie. Mais alors, il est difficile de comprendre pourquoi des systèmes aussi éminemment complexes qu'une cellule vivante ont pu apparaître. En fait, cette formulation du second principe de la thermodynamique n'est qu'approximativement valable et seulement dans les zones de faible activité. Par contre, dans les zones de forte activité (loin de l'équilibre, disent les physiciens), le problème n'est plus de maximiser l'entropie, mais de l'extrémaliser, de l'optimiser au sein de ce que mon maître, Ilya Prigogine, a appelé des « structures dissipatives ». Bref...

Retenons simplement ceci : le désordre tend toujours vers l'ordre, mais l'ordre peut être atteint par deux chemins majeurs. En zone calme, l'ordre naît de l'uniformisation, de l'homogénéisation, de l'égalisation, de la standardisation, de la normalisation. Mais en zone active, l'ordre peut *aussi* venir de l'organisation, de l'agencement architecturé, de combinaisons structurées, de configurations sophistiquées, bref : de la complexification.

Uniformisation contre complexification, donc...

Uniformisation...

Dans le système socioéconomique, l'entropie (la tendance à l'uniformisation, donc) triomphe lorsque l'électroencéphalogramme économique est plat. Il n'y a plus d'activité. Le chômage est total. La paralysie des entreprises, aussi. C'est la faillite absolue. Il n'y a plus rien qui tourne. Tout est à l'arrêt. Grève générale. Asphyxie générale. C'est le cas de figure extrême de mort économique.

Mais l'uniformisation prend d'autres formes, moins dramatiques, mais omniprésentes. Elle s'appelle alors standardisation, normalisation, égalisation, homogénéisation, réglementation, procéduralisation, bureaucratisation, hiérarchisation, planification, budgétisation, taylorisation, etc. On a compris, je pense, ce dont je veux parler.

L'uniformisation de l'économie et du fonctionnement des entreprises est au cœur du modèle de management américain. Il y a de l'ordre. L'ordre le plus pauvre, mais ordre tout de même.

Et ça marche ! Oui, ça marche lorsque le milieu s'y prête, c'est-à-dire lorsque son taux d'activité est faible, stable, laminaire, mécanique, prévisible... Mais ça ne marche plus du tout lorsque ce milieu devient très actif, instable, turbulent, organique et imprévisible. Bref, lorsque le milieu lui-même devient très complexe, les modèles d'ordre basés sur l'uniformisation ne fonctionnent plus, à moins de dilapider des quantités phénoménales d'énergie pour « calmer » le milieu sous la contrainte de forces contraires. Ce qui finit par coûter très cher et par mettre tout le système socioéconomique en péril.

C'est exactement là où nous en sommes ; nous l'étudierons plus loin lorsqu'il sera question de « chape de plomb ».

Complexification...

La complexification, à l'inverse, vise l'hétérogénéité, la personnalisation, la diversification, l'agilité, la souplesse, la réactivité, l'improvisation, l'ajustement mutuel, la confiance, la complicité, la connivence, etc.

Elle construit un ordre organique, beaucoup plus complexe que les ordres rudimentaires des modèles mécaniques. L'entreprise, alors, devient tout autre chose qu'une bête machine à sous. L'économie, alors, devient un organisme vivant *et* intelligent, et pas seulement une machinerie à faire du fric à tout prix, en pillant tout sur son passage et en criant un odieux : « après moi, les mouches ».

Là encore, la physique complexe et la thermodynamique hurlent en chœur : lorsque le milieu global devient plus complexe, le système socioéconomique qui vit en lui, qui vit de lui, n'a pas le choix : il *doit* augmenter son niveau de complexité intrinsèque et passer de l'uniformisation à la complexification.

La vitalité : entre résonance et cadencement

On l'a vu tant pour la loi de la conservation de l'énergie que pour la loi de l'entropie maximale, le niveau d'activité de la zone considérée joue un rôle majeur.

C'est ce niveau d'activité que j'appelle ici la vitalité d'un processus ou d'un système.

Plaçons-nous au centre d'une galaxie : plusieurs milliards d'étoiles qui sont autant de méga-centrales nucléaires à fission agglutinées autour d'un trou noir dont la puissance gravitationnelle capture même la lumière. Asseyons-nous, à présent, sur un gros noyau d'atome lourd. Un atome de plomb, par exemple, composé de 82 protons et de 125 neutrons qui se battent frénétiquement entre eux par interaction nucléaire forte.

Allons à présent nous balader dans le vide intergalactique : il ne s'y passe rien ou presque ; de temps en temps vient à passer un photon perdu issu d'une étoile posée presque à l'infini.

Deux exemples de haute activité et un exemple de très basse activité.

Dans les zones à basse activité – comme à la surface de la Terre, par exemple –, les lois de la physique sont stabilisées autour des règles que chacun a appris au lycée et à l'université. Les lois de Newton et de Maxwell ; la conservation de l'énergie et du moment cinétique ; la croissance de l'entropie. Tout y est réglé comme du papier à musique, de façon strictement mécanique ... ou presque.

Mais au cœur d'une galaxie ou d'un noyau atomique, ce n'est plus le cas. On est là, comme dans les cellules de Bénard qui s'auto-organisent dans de l'eau pour dissiper un trop fort gradient de température : on est là loin de l'équilibre, loin des situations où les choses et leurs lois sont stables et strictes.

L'activité cosmique est avant tout vibratoire, cyclique, ondulatoire et rotatoire. Tout tourne sur lui-même, du spin de l'électron à la spirale des galaxies. Tout vibre, surtout au niveau quantique. Tout est question de fréquences, de rythmes, de cadences.

Et toutes ces fréquences entrent en interférence et induisent des résonances d'où naissent de nouvelles fréquences, des nœuds et des ventres, des figures émergentes comme les hyperboles d'interférence de deux sources de même fréquence.

Ces figures d'interférence, lorsqu'on les provoque par la rencontre d'un rayon laser direct avec le même rayon laser réfléchi par un objet quelconque, donnent un hologramme. Celui-ci, par illumination laser inversée, reconstitue, dans l'espace, une image à trois dimensions de l'objet initial.

David Böhm, immense physicien méconnu, dernier assistant d'Albert Einstein à Princeton, en avait conçu une cosmologie originale baptisée « l'ordre impliqué » qui faisait de notre univers une image d'un hologramme sous-jacent. Le mythe de la caverne de Platon n'est pas si loin...

On le comprend immédiatement : plus la densité d'activité est forte, plus les phénomènes d'interférence et de résonance ont de chance d'y être très denses également. Les phénomènes d'émergence, chers au cœur des physiciens de la complexité, se comprennent mieux si l'on considère que les interférences et résonances induisent des figures originales et inédites qui induisent des structures nodales (tant dans l'espace géométrique que dans l'espace des états) où de la matière peut venir se nicher et, ainsi, y construire des édifices complexes.

C'est exactement ce qui se passe au cœur d'une communauté humaine lorsque le travail commun (donc les interférences entre les actions des uns et des autres) révèle un « trou » organisationnel qu'une nouvelle fonction inédite devra combler.

Ce rapport intime et fondamental entre figures d'interférence et propriétés émergentes est crucial... aussi en économie puisque la valeur ajoutée (donc la valeur d'échange et la valeur d'usage des produits et services) est une propriété émergente issue de l'interférence entre les ressources (matériaux, intelligences, besoins) de chaque entreprise productrice.

Au fond, en dégradant de l'énergie ambiante, l'économie produit de la néguentropie, sous la forme de propriétés émergentes utiles, grâce aux interférences entre des ressources matérielles, intellectuelles et carentielles.

Regardez la vie quotidienne, regardez tourner une usine, regardez fonctionner un écosystème, regardez l'histoire des hommes : tout y est aussi question de cycles, de rythmes, de fréquences, d'interférences et de résonances.

Il existe deux voies dominantes pour optimiser ces rythmes : soit les faire coïncider comme dans la structure géométrique et mécanique des mailles d'un cristal de métal, soit les laisser interférer comme dans les structures protéiformes et organiques des entortillements d'une macromolécule de vie.

Pour le dire autrement, la voie mécanique privilégie les fréquences propres pour engendrer des structures cristallines très géométriques, très répétitives, qui interfèrent avec un spectre étroit de fréquences très spécialisées.

La voie organique, quant à elle, préfère les fréquences multiples pour coaliser des structures molles, complémentaires, plastiques qui, au contraire du cristal, peuvent interférer avec un spectre très large de fréquences extérieures et s'en nourrir.

En somme, ces deux voies sont aussi celles des musiques rythmiques, d'une part, et des musiques harmoniques, d'autre part.

Le système socioéconomique n'échappe évidemment pas à ces logiques rythmiques et interférentielles. Il n'échappe pas non plus aux deux écoles de gestion des rythmes d'activité, dont l'une s'élabore sur la notion de cadencement et l'autre privilégie la notion de résonance.

L'école du *cadencement* vise essentiellement la conquête et la domestication des rythmes qu'il faut asservir à un rythme unique, commun, cadencé. Ce cadencement généralisé implique la planification de tous les processus, la séquentialisation et la mobilisation précise des ressources, la définition claire d'objectifs précis et univoques, communs à tous, un management par la pression, une perpétuelle effervescence et une éternelle course contre la montre.

On reconnaîtra, je pense, dans ce portrait, celui de beaucoup d'entreprises classiques qui foisonnent dans le système socioéconomique de la Modernité industrialisée. On comprendra aussi sans peine que les organisations cristallines, par leur rigidité même, sont peu adéquates aux environnements turbulents et incertains...

L'école de la *résonance*, elle, pratique à l'inverse. Elle vise surtout l'efficience et l'harmonie avec les nombreux rythmes du réel. Elle privilégie la lenteur et l'agilité ; elle se développe par prolifération tranquille ; ses acteurs sont des artisans, maîtres de leur art ; elle cultive la sérénité et le calme ; elle pratique le non-agir taoïste, souvent sans le savoir ; elle adore la perfection, l'excellence et la maîtrise ; elle travaille non pas par planification, mais par synchronisation, ce qui signifie qu'elle a toujours plusieurs fers au feu en parallèle et qu'elle gère tout cela par réallocation permanente de ses ressources.

La grande mutation de l'économie de masse vers l'économie des intelligences

2

Le Progrès : le grand projet de la Modernité

Déjà dans les universités médiévales où la scolastique asservissait la raison à la foi, et la logique à la théologie, un vent de rébellion commençait de souffler. Qu'on se souvienne de Pierre Abélard, de Maître Eckart, de Guillaume d'Occam et d'autres.

Peu à peu, la pensée ressentit un impérieux besoin de se libérer des dogmes de la foi. À la Renaissance prit fin la « guerre » entre guelfes et gibelins (aux XIIe et XIIIe siècles), autrement dit entre ceux qui mettaient le Pape au-dessus de l'Empereur et ceux qui préconisaient le contraire. Ce combat du temporel contre le spirituel, et vice-versa, fut long de deux siècles. Le triomphe du temporel signa l'entrée en Modernité. La pensée put se séculariser et s'affranchir. Non sans risque... qu'on se souvienne de Pic de la Mirandole qui ne dut la vie qu'à l'amitié de Laurent de Médicis dit le Magnifique, de Giordano Bruno qui périt sur le bûcher, de Galileo Galilei qui dut se rétracter pour que les poursuites contre lui s'arrêtent.

De plus, ne l'oublions pas, du fait de la révolution agraire du XIIe siècle, l'invention de l'assolement triennal, de la jachère, du harnachement au poitrail et non plus au collier, de la charrue de fer au lieu de l'araire en bois, la production agricole doubla et tripla entre le XIe et le XIIIe siècle.

La concomitance de ces deux mouvements, l'un politique, l'autre technologique, ne fut pas un hasard. Elle advint à nouveau, au milieu du XIXe siècle, lorsque la révolution industrielle et sa maîtrise de l'énergie du feu vinrent épauler les nationalismes montants pour accoucher de ce hideux XXe siècle, le pire et le plus sanglant et pillard de toute l'histoire.

Les périodes allant de 1350 à 1500 et de 1900 à 2050 sont incroyablement symétriques et semblables.

L'économie féodale est une économie agraire, dirigée par les seigneurs et les abbés, portée par les serfs et les moines, et centrée sur le château fort ou le monastère. Les villes – les bourgs, plutôt – n'y jouent qu'un rôle très secondaire. Mais elles se développent autour des artisans bourgeois qui, peu à peu, organisent leur communauté en guildes et corporations. Chez eux aussi naît une aspiration à plus d'autonomie, à plus de distance d'avec les intérêts des seigneurs locaux qui ne leur laissent que peu de droit à la prospérité. L'heure n'est pas encore vraiment au libéralisme et à la libre entreprise.

La définition médiévale de la richesse est surtout liée aux hectares de terre (champs, prés, bois, étangs qui produisent tout le nécessaire et un peu de superflu). L'argent n'y joue pas un grand rôle. Chaque hobereau battait monnaie dans son coin, avec des titres en métal précieux plus que discutables : l'or et le laiton faisaient aussi bon ménage que l'argent et le plomb ou l'étain. Ces monnaies n'étaient pas fiables, peu échangeables et donc purement locales. Le troc régnait encore largement en maître du commerce.

La conséquence de la révolution agraire, en triplant les rendements à l'hectare en deux siècles, fut un surplus agricole qu'il fallait bien écouler ailleurs, pour ne pas « gâcher », dirait Guy Roux. Il fallut donc sortir du périmètre étroit du fief et oser des transactions plus larges, au travers des frontières, et *affranchir* le commerce qui donc devint franc, c'est-à-dire libéré de la « tenure » qui était l'obligation des manants d'appartenir à un seigneur et de demeurer physiquement à son service dans le périmètre de sa seigneurie. De là l'origine des noms de franc-bourgeois, de franc-maçon, de franc-métier, de ville franche ou de Franche-Comté.

L'affranchissement physique de la tenure[2], on s'en doute, n'allait pas tarder à faire des petits et à faire rêver d'affranchissement religieux, intellectuel, politique, économique.

2 Plus précisément, la « tenure » était un mode d'aliénation des roturiers et des serfs qui consistait, pour le seigneur, à leur octroyer, à titre précaire, l'usufruit d'une parcelle qui leur permette de nourrir leur famille en échange d'une contrepartie en nature et d'une « fidélité » absolue.

C'est évidemment la naissante bourgeoisie des villes qui prit en charge l'écoulement commercial des surplus agricoles des seigneurs. Le développement, un peu partout en Europe de l'Ouest, des grandes foires, en Flandre, en Provence, en Champagne, par exemple, permit d'initialiser un véritable commerce à grande échelle, loin des autarcies médiévales.

Mais le problème des monnaies devint vite un handicap économique majeur. Ces monnaies locales, qui n'étaient souvent que des monnaies de singe, tombaient sous la coupe des changeurs qui, jamais, ne lésaient leurs intérêts dans les délicates et improbables opérations de change qu'ils déployaient sur la place des marchés et des foires.

La bourgeoisie urbaine naissante avait besoin de « bonne monnaie », fiable en valeur et convertible. Ce n'est donc pas un hasard si deux des quatre piliers majeurs de la Modernité émergèrent dès le début du XVIe siècle.

D'une part, les Lombards inventèrent la banque : une officine à guichet où il fallait attendre son tour assis sur un banc (d'où le nom), où le change pouvait être réalisé promptement et sérieusement et où l'on pouvait déposer son argent avant de reprendre la route, sans crainte des bandits de grand chemin, nanti d'une lettre de change nominative (une invention des Templiers reprise par les Lombards).

D'autre part, l'État central naquit. Les Rois qui, jusque-là, n'avaient qu'une fonction symbolique et militaire, voulurent s'arroger le pouvoir politique sur le territoire au détriment de la Noblesse et contre elle. Les Bourgeois aussi aspiraient à prendre leur distance à l'égard de la Noblesse et ils avaient urgemment besoin d'une monnaie « nationale » fiable. L'alliance entre Rois et Bourgeoisie contre la Noblesse féodale fut donc naturelle et le premier des droits régaliens fut celui de battre monnaie. Par son effigie visible sur les pièces d'or, d'argent et de bronze, le Roi garantissait personnellement aux bourgeois la valeur de leur bourse.

Le Roi et les bourgeois des villes commençaient à triompher des Seigneurs et paysans des campagnes.

Bientôt, suivirent les deux autres piliers de la Modernité.

La Bourse fut inventée en pays flamand[3] où, d'ailleurs, à Amsterdam, explosa la première bulle spéculative en 1637 : celle des bulbes de tulipe qui ruina des centaines de bons bourgeois. Ces mêmes bourgeois, au travers des guildes et corporations qu'ils fondèrent pour fermer l'accès à leur profession et pour édicter des règles de bonne pratique susceptibles de protéger leurs intérêts, inventèrent le quatrième pilier : le Syndicat (qui, d'abord, fut patronal bien avant de devenir aussi ouvrier, au cours du XIXe siècle).

Avec la Renaissance, l'économie agraire fut peu à peu reléguée à la périphérie du système socioéconomique (elle emploie aujourd'hui 4 % de la main-d'œuvre européenne). Une économie marchande, financiarisée et de marché naquit sur ses quatre piliers : l'État, la Banque, la Bourse et le Syndicat. La Modernité pouvait se déployer !

3 À Bruges, puis à Anvers. La première Bourse française naquit à Lyon en 1540.

La téléologie de la Modernité : libération de l'homme par le progrès

Chaque cycle historique, chaque ère paradigmatique a connu son leitmotiv, son slogan fondateur, son idée fixe, son fil rouge, son axe central.

L'ère chaldéenne (-1250 à -700) : le destin par le sacrifice.

L'ère grecque (-700 à -150) : l'harmonie par la sagesse.

L'ère romaine (-150 à 400) : la paix par l'ordre.

L'ère gothique (400 à 950) : la vérité par Dieu.

L'ère féodale (950 à1500) : le salut par la foi.

Pour l'ère moderne (1500 à 2050) : ce sera le progrès par la libération (en attendant l'ère noétique (2050 à 2600) pour laquelle j'augure ce fil rouge : ***la joie par la frugalité***... mais n'anticipons pas).

Le progrès par la libération...

Tout un vaste programme qui fut initialisé en grande improvisation par les Humanistes du XVIe siècle (Érasme, Montaigne, La Boétie, Luther, Pic de la Mirandole), qui fut théorisé par les Rationalistes du XVIIe siècle (Galilée, Descartes, Newton, Leibniz), qui fut idéologisé par les Lumières du XVIIIe siècle (Kant, Fichte, Rousseau, Voltaire, Diderot), qui fut hypertrophié par les Positivistes du XIXe siècle (Comte, Proudhon, Marx, Bakounine, Renan, Fourier) et qui fut déconstruit par les Sceptiques du XXe siècle (Nietzsche[4], Bergson, Heidegger, Jonas, Foucault).

La Modernité voulait la libération de l'homme par le progrès de la raison.

Ces deux expressions méritent quelques commentaires...

La *libération de l'homme*...

La Modernité n'a pas entendu le grand cri du grand ami de Montaigne, Étienne de La Boétie, qui, dans son *Discours sur la servitude volontaire*, proclame l'homme libre s'il le veut et esclave s'il l'accepte. La Modernité – et c'est un de ses traits majeurs – ne croit pas en l'individu. Elle l'abhorre, même. Elle ne croit qu'au social. Elle croit à l'effet de masse et en a fait son instrument premier, pour le pire (l'État, la guerre, l'hyperconsommation) comme pour le meilleur (les communautés, les associations).

---

4 On m'excusera peut-être de ranger Nietzsche dans le XXe siècle alors qu'il naquit en 1844, perdit la raison en 1889 et mourut en 1900 ; mais Nietzsche était intellectuellement tellement en avance sur son temps...

La Modernité ne pouvait entendre un de ses premiers modernes. Elle ne pouvait entendre que chaque homme est et sera toujours le seul responsable de ses aliénations. Elle prit donc le problème par l'autre biais et se chargea, elle, par l'intermédiaire de ses élites, de « libérer » l'homme, même – et souvent – contre son gré.

De longues et lourdes chaînes entravent l'homme et le mettent en dépendance.

À commencer par la Nature dont l'homme dépend pour se nourrir et qui cause, si souvent, des famines, des épidémies, des catastrophes... Ce sera le rôle premier de la science d'affranchir l'homme de la Nature. Descartes en fixera le programme : dominer et exploiter la Nature aux fins de l'humain. On ne peut plus clair !

Autre chaîne, surtout à la Renaissance : l'Église et son pouvoir absolu sur les esprits et sur les âmes au travers du dogme et avec l'aide de l'Inquisition (cette Sainte Congrégation pour la Doctrine de la Foi dont le Pape sortant, Benoît XVI, fut longtemps – et demeure – un pilier). Le libre examen protestant et la libre-pensée laïque s'attaquèrent à cette libération-là : l'athéisme, accompagné du matérialisme et du hasardisme, gagna du terrain peu à peu sur le plan philosophique et l'anticléricalisme leur emboîta le pas sur le plan politique et social.

Une chaîne encore était celle du pouvoir central de cet État qui, avant de devenir républicain, était royal. Lorsque Louis XIV disait : « L'État, c'est moi ! », il ne mentait nullement ; François Ier (comme ses « collègues » Charles Quint et Henri VIII) avait tout fait pour cela. Ce pouvoir absolu, de droit divin, était inacceptable dans les esprits prônant la libération de l'homme. On détrôna les Rois et l'on proclama la République qui s'octroya un pouvoir quasi absolu et un droit quasi divin par la démocratie au suffrage, très récemment, universel.

D'autres chaînes se mirent aussi à craquer : celle de la famille, celle de la hiérarchie sociale (les notables et les élites face à la populace, comme disaient Kandinsky et Schönberg), celle de la morale (bourgeoise et républicaine comme ironique et juste retournement de situation dont l'histoire a les secrets), et quelques autres qui craquent encore aujourd'hui.

Les *progrès de la raison*...

Mais ce mouvement de libération de l'homme n'emprunte pas n'importe quel chemin. Depuis Descartes, pourtant si irrationnel et si peu logique dans ses raisonnements, et si erroné dans ses élucubrations scientifiques, le mot-clé de la Modernité est le mot « Raison ». La rationalité, pour elle, se confond avec quelques mots techniques : analycisme (tout ce qui est compliqué doit être démonté), logicisme (seule la logique d'Aristote conduit de vérité en vérité), réductionnisme (tout ce qui existe s'explique totalement par l'assemblage de ses parties), mécanicisme (l'univers est une machine sans âme qui fonctionne de manière totalement déterministe), matérialisme (le fondement ultime de tout ce qui existe est la matière) et hasardisme (le hasard est le moteur de l'évolution universelle).

Dieu, dans cette entreprise et dans ce dispositif philosophique, prit progressivement ses distances par rapport au réel où il en vint à ne plus jouer aucun rôle. Descartes, d'ailleurs, avait bâti une muraille de Chine entre le monde matériel auquel appartient cette machine appelée le corps, et le monde spirituel dont l'âme humaine est le seul petit reflet dans ce monde-ci.

On comprend vite que ces éléments paradigmatiques ont joué leur rôle partout, dans tous les domaines d'activité, y compris dans le système socioéconomique qui prit, en cours de Modernité, un essor incroyable et une place prépondérante dans la machinerie humaine.

Il fut décrété que l'économie libérerait l'homme.

Il fut décrété que l'économie viserait le progrès et serait rationnelle.

Il fut donc déduit que l'économie était analytique et réductionniste, mécaniciste et déterministe, matérialiste et hasardiste.

Tous ces points mériteraient de savoureux et détaillés développements pour lesquels la place manque ici. Allons donc à l'essentiel : la croyance en la libération de l'homme par la consommation, la croyance en la rationalité progressiste de l'économie et la croyance en sa mécanicité matérialiste.

Ces trois croyances, on le sait clairement aujourd'hui, sont fausses.

L'économie moderne n'a pas libéré l'homme, elle l'a asservi par le travail salarié et par l'assuétude consommatoire.

L'économie moderne n'est ni rationnelle, ni progressiste : elle est la résultante de l'irrationalité des masses (leurs envies, leurs phantasmes) et ne vise que le profit et non le progrès.

L'économie moderne n'est pas mécanique, quoi qu'essaient d'en faire croire les économistes qui se prennent pour des scientifiques et qui ne sont que charlatans. Par contre, l'économie moderne débouche bien sur le matérialisme le plus bas, le plus vil, le plus débilitant qui transforme l'homme en une stupide machine à consommer.

L'économie de masse : le grand véhicule de la Modernité

Le raisonnement de fond qui, très vite, s'est inscrit en filigrane de tout le déploiement de l'économie moderne est celui-ci, qu'il faut bien comprendre :

– dans toute production, surtout industrielle, il y a des coûts variables qui sont proportionnels à la quantité produite et des coûts fixes qui sont dépensés quelle que soit la quantité produite (par exemple : le loyer de l'usine, ou les intérêts bancaires, ou la solde des travailleurs salariés, ou les amortissements du prix des machines, etc.) ;

– du point de vue de la rentabilité globale de l'entreprise, ces coûts fixes (F) ont intérêt à être le plus bas possible car, pour un prix de revient (R) donné (la somme des coûts variables par unité produite), ils viennent s'y surajouter, impliquant soit une hausse des prix de vente (V) (défini, *in fine*, par le marché via la loi de l'offre et de la demande et la loi de la concurrence), soit par une baisse de la marge (M) si l'on garde fixe le prix de vente. Très simplement, on a : V=R+F+M ;

– ainsi, la première manière de majorer les marges est de diminuer globalement les coûts fixes en payant le moins possible les employés et ouvriers, en engageant le minimum de salariés et en leur préférant de la main-d'œuvre intérimaire ou des sous-traitants (qui deviennent ainsi, pour elle, des coûts variables), etc.

– la seconde manière de majorer les marges est de diluer les coûts fixes dans une plus grosse production : plus on produit, plus les coûts fixes par unité produite diminuent ;

– mais pour produire plus, il faut deux choses en même temps : investir plus et vendre plus ;

– investir plus signifie augmenter le risque actionnarial puisque, le plus souvent, les investissements se financent par un accroissement de l'endettement de l'entreprise (qui engendre de nouveaux coûts fixes appelés « service de la dette »), et investir signifie aussi trouver du financement, c'est-à-dire trouver des capitalistes (des détenteurs de capitaux, donc, qui peuvent être privés, institutionnels comme les banques, ou publics) qui ont confiance en l'entreprise et qui acceptent le niveau de la rémunération proposée pour leur capital investi ;

– vendre plus signifie trois choses : investir dans des campagnes de publicité (pour faire connaître le produit et donner envie de l'acheter), investir dans de la qualité pour rendre le produit meilleur, plus utile, plus beau, etc. et faire baisser le prix de vente soit en rabotant les marges (ce qui handicape le développement de l'entreprise), soit en... diminuant encore les coûts fixes.

On comprend que toute croissance d'entreprise – et donc, par cumul de toutes les entreprises, toute croissance de l'économie – implique une augmentation de l'endettement pour financer tous les investissements nécessaires pour supporter cette croissance. L'équation est :

CROISSANCE DE L'ÉCONOMIE = ENDETTEMENT DES ENTREPRISES

De plus, si l'on veut que les consommateurs achètent plus, il faut deux choses : diminuer la qualité des produits pour que leur durée de vie soit la plus courte possible (ainsi on rachète très vite un nouvel exemplaire du produit et l'on vend, donc, deux fois) et faciliter le crédit à la consommation, c'est-à-dire favoriser l'endettement des ménages. L'équation seconde est :

CROISSANCE DE L'ÉCONOMIE = ENDETTEMENT DES MÉNAGES

En rassemblant ces deux équations majeures, il vient :

CROISSANCE DE L'ÉCONOMIE = ENDETTEMENT GÉNÉRAL

De plus, comme les consommateurs sont les travailleurs, pour que ceux-ci puissent acheter plus, il faut les payer plus, ce qui augmente les coûts fixes des entreprises, ce qui augmente les prix de vente, ce qui diminue le volume des ventes, ce qui appauvrit deux fois l'entreprise.

Ce cercle vicieux sous-tend celui de l'inflation.

Retenons, à ce stade, deux leçons :

– la croissance de l'économie ne profite, *in fine*, qu'aux marchands d'endettement... c'est-à-dire au monde de la finance (c'est la clé de l'ultra-financiarisation de l'économie moderne) ;

– la volonté de diminution des coûts fixes induit une augmentation des coûts fixes... et une diminution de la qualité des produits et services (ce sont les deux paradoxes de l'économie moderne).

En gros, pour faire simple et direct, même un peu cru : croissance = piège à cons !

Mais allons plus loin...

La croissance économique est proportionnée au volume des ventes de toutes les entreprises. L'augmentation obsessionnelle de ce volume des ventes est le moteur central de l'économie de masse.

Produire plus (donc investir plus et s'endetter plus) et acheter plus (donc consommer plus et s'endetter plus).

La croissance économique passe par la croissance de la production/vente, donc par la baisse maximale des prix de vente (donc des prix de revient et/ou des marges). Pour baisser les prix de revient, en gros, il faut baisser la masse des rémunérations (en embauchant le moins possible, en externalisant, en délocalisant et/ou en automatisant) et la qualité (en lésinant, en trompant, en trichant). Parallèlement, si l'on voulait baisser les marges, on réduirait les capacités d'autofinancement de l'entreprise (la part des bénéfices qui sont réinvestis dans l'entreprise afin de diminuer son endettement futur) et on réduirait la rémunération du capital, c'est-à-dire la capacité de service de la dette, ce que le monde de la finance ne peut tolérer du fait de la teneur du contrat de financement qui lie à eux les entreprises (si l'on ne paie pas correctement et régulièrement le service de la dette, bernique pour les financements futurs indispensables pour poursuivre la... croissance... de l'endettement).

Bilan : la croissance économique appauvrit les entreprises (en hommes et en argent) et enrichit les financiers.

Mais la croissance économique passe aussi par la croissance de la consommation, donc par la baisse de la durée de vie des produits, par la baisse des prix de vente (donc de la qualité) et par l'augmentation des pouvoirs d'achat, donc des rémunérations... ce qui est contradictoire avec les contraintes de croissance des entreprises. Il faut donc faciliter l'accès au crédit à la consommation et favoriser l'endettement des ménages, on l'a vu.

Ainsi, pour assurer sa propre croissance, toute entreprise doit à la fois diminuer et augmenter le volume de la rémunération de ses collaborateurs... ce paradoxe aboutit alors à : soit embaucher à titre précaire des employés peu qualifiés et peu exigeants, soit payer bien un nombre décroissant de collaborateurs de bon niveau et robotiser, automatiser ou informatiser tout le reste... ce qui induit une croissance... du chômage et une diminution... du volume total de pouvoir d'achat dont une décroissance économique globale.

Cercle vicieux, encore !

Vient alors le chevalier blanc : l'État. Le sauveur de l'économie... selon les *aficionados* des économies dirigées (communistes et socialistes).

Le principe est simple : puisqu'il *faut* de la croissance et que les entreprises privées sont dans un cercle vicieux, l'État doit se charger de la redistribution « équitable » des richesses pour veiller à ce que le pouvoir d'achat soit bien réparti et que la consommation augmente régulièrement. On appelle cela d'un euphémisme : la justice sociale, qui consiste à spolier ceux qui contribuent le plus à la croissance (les entrepreneurs et les travailleurs privés) pour favoriser ceux qui n'y contribuent pas (les fonctionnaires, les chômeurs et les assistés de tous poils). Mais ça fait tourner le commerce, ce qui est l'essentiel.

Sauf que cette spoliation a un effet décourageant sur ceux qui peinent à produire cette richesse et qui, peu à peu, baissent les bras (diminution des prises de risque entrepreneurial et baisse de la productivité des travailleurs), induisant une décroissance économique provoquée, clairement, par l'intervention de l'État. État qui, alors, doit venir au secours desdites entreprises à grand renfort de plans de relance, de plans keynésiens d'investissements publics, de plans de sauvetage, de plans d'aides, de subsides et de primes diverses.

Pour mettre en œuvre cet interventionnisme économique (surtout vers les secteurs pourris et les vieilles industries moribondes, grosses pourvoyeuses d'emplois peu qualifiés) et financer ses assistanats (et ses cohortes de fonctionnaires), l'État doit, lui aussi, s'endetter de plus en plus.

S'endettant, il devient de plus en plus dépendant du monde de la finance qu'il n'ose pas – plus – titiller sur son exploitation globale de l'économie.

Les marchands d'endettement sont donc trois fois gagnants : auprès des entreprises, auprès des ménages et auprès des États. Et tout cela pour quoi ? Pour célébrer le mythe de la croissance.

N'oublions pas :

CROISSANCE DE L'ÉCONOMIE = ENDETTEMENT GÉNÉRAL

Le mythe de la croissance passe par l'économie de masse. On l'a bien compris : produire plus pour vendre plus pour acheter plus pour consommer plus pour produire plus pour... *ad libitum* !

Outre le fait que ce cercle soit vicieux et ne profite, *in fine*, répétons-le, qu'aux marchands d'endettement qui mènent le bal (via les cotations boursières, les parités monétaires et les agences de notation), il induit un appauvrissement global des patrimoines de tous, des ménages, des entreprises et des nations.

C'est la conséquence automatique de la croissance irréversible des endettements. Comme tout le monde vit largement au-dessus de ses moyens, c'est-à-dire au-dessus de la production réelle nette de valeur, on finit tous (entreprises, ménages et États) par vendre les bijoux de famille (patiemment thésaurisés par des générations de labeur) pour garder la tête hors de l'eau croupie de la banqueroute.

Cela fait soixante-dix ans (depuis la fin de la seconde guerre mondiale et le début de l'américanisation du monde) que l'on ment et que l'on fait croire aux pauvres qu'ils peuvent vivre comme des riches, et aux riches qu'ils peuvent devenir plus riches encore en faisant travailler les pauvres.

Or, il y a clairement une constante : ***on ne fait plus jamais fortune par son travail*** ! La fortune (très relative pour beaucoup) vient de la finance, des jeux en Bourse et des placements immobiliers, essentiellement (sans parler de cette honte politique que sont les loteries nationales).

L'argent facile (celui des jeux) a triomphé de l'argent difficile (celui du travail). Au plan mondial, l'économie virtuelle (qui ne produit rien de réel mais vit de promesses de gains futurs) pèse cent fois plus lourd que l'économie réelle (qui produit des biens et des services réels).

Il ne s'agit plus de paradoxe. Il s'agit de perversion complète du sens et de la valeur de l'économie humaine. Il s'agit du scandale le plus colossal jamais imaginé.

Heureusement, on le verra, cette logique a une limite absolue et... elle est atteinte.

Même un arbre ne croît pas jusqu'au ciel et s'arrête un jour de pousser. Ce jour est enfin arrivé.

L'éthologie de la Modernité : la cupidité

Le moteur de l'économie moderne est très clairement la cupidité : gagner plus pour acheter plus pour accumuler plus et pour consommer plus.

Mais quel est le ressort secret, caché et profond de cette cupidité malfaisante et destructrice de tout ?

Lorsque le nécessaire et l'indispensable sont acquis (y compris le petit bas de laine pour faire face aux éventuels coups du sort), à quoi sert de continuer à amasser ? Le superflu ? Pour quoi faire ? Le luxe ? Pour quoi faire ?

Comment peut-on raisonnablement expliquer que, chez les familles les plus démunies, l'accessoire (la télévision à écran géant et les vacances en charter à Marrakech-les-Bains) passe largement avant le nécessaire (le contenu de l'assiette quotidienne et l'hygiène élémentaire) ? Comment comprendre que ceux qui ont le plus de temps (les chômeurs, principalement) sortent des grandes surfaces avec des caddies bourrés de plats surgelés, de pâtisseries préemballées et de barquettes de repas tout faits ? Comment se fait-il que ce soit surtout les jeunes des quartiers les plus pauvres qui s'habillent en vêtements de marque, sans lesquels ils font leur crise de violence ?

Bien sûr, la pénible psychologie humaine donne ses explications usuelles : le besoin de paraître, le regard de l'autre, le principe de plaisir qui passe bien au-dessus et bien avant le principe de réalité, l'envie, la jalousie, les signes extérieurs de richesse, la honte d'avoir honte, la honte tout court, etc.

Comme disait ma mère, toutes ces raisons sont peut-être des explications, mais ce ne sont jamais des excuses. Alors ?

La peur de manquer et la peur de perdre sont des peurs tenaces, profondément ancrées dans l'âme et l'instinct de cet animal ataviquement archi-peureux qu'est l'*Homo sapiens tremens*. Il n'y a pas de doute là-dessus, mais encore une fois, voilà une explication qui n'est pas une excuse. La peur se contrôle. La peur se maîtrise. La peur se raisonne.

Si tout ce que notre imagination nous construit comme peur devait nous faire accepter tous les comportements aberrants deshumains, nous ne serions pas sortis de l'auberge sociétale.

Alors que la cupidité a toujours été considérée comme une faute morale, voire un « péché », par toutes les civilisations, pourquoi la société moderne, plus que l'excuser, la favorise, l'encense, la déculpabilise et l'encourage-t-elle ? Pour faire marcher le commerce ? Sans doute, mais pas seulement.

La fortune est au bourgeois ce que la gloire est au héros, ce que la sainteté est au sage, ce que le pouvoir est au politicien. Et qu'est-ce que la cupidité sinon la soif de fortune ? La cupidité est donc le moteur de l'esprit bourgeois...

Outre qu'originellement, le bourgeois n'était que l'habitant du bourg face au paysan qui habitait le pays, l'idée de bourgeois a évolué pour prendre un sens plus éthologique que géographique. Explorons...

Le mot « bourgeois » est passé de mode après avoir été la cible de tous les quolibets (surtout entre 1950 et 1980). Pourtant, c'est lui qui caractérise le mieux le personnage central (et l'idéal sociétal) de toute la Modernité. La Modernité, c'est l'ordre bourgeois, c'est-à-dire l'ordre marchand et urbain.

La Modernité (l'ordre bourgeois) n'est que le troisième et dernier temps (à prépondérance économique) de l'ordre chrétien qui débuta avec Constantin et le concile de Nicée et qui se termine aujourd'hui[5]. L'ordre chrétien se caractérise par la dualisation idéaliste de toutes les dimensions du réel et de l'idéel. Ce qui était multiple *et* unitaire dans l'ordre païen y devient dual et duel.

Le « progressisme » – plus ou moins révolutionnaire – revendiqué par les Gauches ne s'oppose pas du tout à l'ordre bourgeois (la Modernité est tout entière fondée sur l'idée et l'idéal de « progrès ») ; il en est à la fois le pur produit et l'idéalisation. Il s'agit, pour lui, au nom de l'égalitarisme et par biais de solidarisme, de généraliser les idéaux bourgeois de confort, d'aisance et d'abondance matériels. Il ne s'agit pas, pour lui, d'abolir l'ordre bourgeois, mais de le généraliser. Ce n'est pas le bourgeoisisme qu'il combat, mais l'élitisme bourgeois.

L'américanisme me paraît être l'acmé du bourgeoisisme.

---

5 Depuis quelque temps, le sociologue Michel Maffesoli ne dit pas autre chose.

L'américanisme est cette religion idolâtre de la marchandisation qui a déjà commencé à envahir le monde entier dans la foulée de la première guerre mondiale, avec une accélération foudroyante et mondiale après la seconde.

Mais cet américanisme est aussi le chant du cygne de la Modernité et de son ordre bourgeois, et, par conséquent, celui de l'ordre chrétien dont il est le parangon. Il est l'autre versant de cette religion idolâtre, de cet autre chant du cygne de la Modernité et des idéaux chrétiens (charité, amour du prochain, partage, etc.) que fut le communisme.

Très logiquement, le bourgeois sort du bourg et monte en puissance avec l'essor du commerce lointain (avant lui, le commerce était surtout de proximité). Le bourgeois est l'homme de la Renaissance. Le bourgeoisisme, c'est la Modernité. Ce sont les bourgeois qui ont fait les Rois contre la Noblesse, on l'a vu. Ce sont les bourgeois qui ont défait les Rois lorsque ceux-ci accaparèrent trop de richesse. Ce sont les bourgeois parisiens (et non le peuple comme le voudrait la légende inventée par le socialiste Michelet beaucoup plus tard) qui ont fait la « révolution » française de 1789, comme ce sont eux qui ont fait celle de 1830 et de 1848. Seule la révolte de 1870-1871, quoique toujours seulement parisienne, fut populaire et ouvrière.

Les bourgeois ont fait et défait les Rois. Les bourgeois font et défont les Présidents des Républiques. En fonction de leurs seuls intérêts supposés, ils votent pour ou contre celui-ci ou celui-là ; qu'il soit de droite ou de gauche leur importe peu. Ainsi, François Hollande est devenu président de la République française non parce que les gens ont voté pour lui ; non, les gens n'ont pas voté pour lui, ils ont voté contre Nicolas Sarkozy, excités par une presse hargneuse qui a savamment tramé son lynchage médiatique. Et les bourgeois ont suivi. Ou, plutôt, les aspirations bourgeoises qui caractérisent la grande majorité des adultes de nos pays.

Car les pauvres ne sont pas des anti-bourgeois ; les pauvres sont des pas-encore-bourgeois qui aspirent ardemment à le devenir.

Quel est donc l'opposé du bourgeoisisme qui est ce cœur dur de la Modernité ? L'ouvriérisme, répondent en chœur les idéologues de la vieille gauche en rêvant d'un prolétariat triomphant dont ils seraient, bien sûr, les héros, les hérauts et les tyrans. Faux : l'ouvriérisme, s'il a jamais existé comme idéal sociétal plutôt que comme revendication de bourgeoisisme généralisé, n'existe plus. Le monde ouvrier issu de la logique et du monde industriel du XIXe siècle n'existe plus depuis l'informatisation et la robotisation des usines. Il ne représente, aujourd'hui, qu'à peine 15 % de la population active, et il s'amenuise de jour en jour. Tout comme la population paysanne qui faisait 95 % de la population européenne au XVe siècle et n'en fait plus que 4 % aujourd'hui.

Alors, que mettre en face de ce bourgeoisisme moderne finissant ? Quelle alternative pourrait-on proposer ? Quel nom portera l'homme-symbole de l'après-modernité ? Ni aréopagite, ni prétorien, ni abbé, ni seigneur, ni bourgeois... alors, quoi ?

Expansion et massification

La logique de l'économie moderne passe par les effets d'échelle et débouche, on l'a vu, de façon logique et automatique, sur le gigantisme et le financiarisme.

La logique moderne pousse à la massification. C'est l'autre nom de l'obsession mythique de la « croissance ». Une entreprise n'existe que si elle croît. Une entreprise n'a la faveur des journaux et magazines économiques que si elle est « grande », c'est-à-dire si elle se positionne dans le top 100 des chiffres d'affaires ou des effectifs. Et si, en plus, elle fait partie du CAC 40, alors, c'est Byzance !

On déploie des tapis rouges sous les pieds des « grands patrons » qui ne sont que des « gros patrons » qui n'ont jamais créé quelque entreprise que ce soit, qui sont montés « par les cadres », parfois, ou qui, le plus souvent, ont été parachutés par clientélisme politique. Ils sont incapables de gérer une épicerie de quartier ou une boucherie de village, mais ils sont des « grands patrons » qui phagocytent le MEDEF et toutes les instances patronales, alors qu'ils ne sont pas de vrais patrons, seulement des salariés à très haut niveau de salaire.

Comme patrons authentiques, il n'y a que les patrons-propriétaires qui ont créé leur « boutique » ou qui ont spectaculairement développé (en qualité plus qu'en quantité), l'entreprise dont ils ont hérité. Ceux-là seuls méritent le respect. Ceux-là seuls sont compétents. Ceux-là seuls créent de l'avenir, de l'emploi, des produits innovants et des marchés inédits. Les « grandes entreprises » (hors les réseaux familiaux) produisent des dividendes pour des actionnaires, le plus souvent anonymes, et se fichent, du tiers comme du quart, des métiers, savoir-faire et intelligences inclus dans leurs machines à sous. Bref...

Médias de masse. Marketing de masse. Presse de masse. Production de masse. Produit de masse. Et aussi : grande distribution, fusions et acquisitions incessantes, OPA amicales ou hostiles, etc.

Peu importe comment on le devient, mais il faut être gros. Apologie de l'obésité !

L'obésité économique est indispensable. Malgré les fléaux qui accompagnent toujours l'obésité : pas de souplesse ; souffle court ; lenteur de réaction ; cerveau noyé de graisse ; sueurs froides et chaudes à longueur de temps ; appétit matériel omniprésent, mais appétit sexuel en berne ; goinfrerie financière, mais digestion difficile des réalités... J'en passe, et des meilleurs.

On comprend que la propension à la massification introduise le règne des statistiques, cette discipline mathématique merveilleuse où joue, à plein, la loi des grands nombres. Pour la culture de la massification, les statistiques sont cruciales.

La ménagère de 40 ans en est un symbole caricatural, mais pertinent.

On ne parle pas de Monsieur Dupond, mais des « clients ». On ne parle pas de madame Durand, mais des « effectifs ». On ne parle pas de Mademoiselle (oui, j'y tiens !) Gisèle de Tartempion, mais des actionnaires.

La taille et le volume permettent, semble-t-il, la dépersonnalisation, l'anonymat, l'abstraction.

Il y a les cadres, la direction, les filiales, l'équipe de R&D, la section 37. Bien sûr, de telles appellations sont d'utiles raccourcis de langage ; des sortes d'acronymes un peu plus charnus et moins secs que E.N.A. (l'Équipe des Novateurs en Absurdité, n.d.t.[6]).

Or, puisque mathématisation des ensembles il y a, laissons la parole aux mathématiciens. Ils nous disent qu'un ensemble réel n'est jamais réductible à un ensemble forcément limité et restreint de grandeurs statistiques. La réalité est toujours infiniment plus riche, plus vivante et plus intelligente que ne le montre le meilleur des tableaux de bord.

Mais ils nous disent bien plus. Par exemple, que les mutations comme les catastrophes – l'essentiel, donc – naissent toujours sous la forme de signaux faibles, à la périphérie du système, avec des intensités si basses qu'elles passent au travers des mailles statistiques d'observation. Ils nous parlent aussi du « syndrome du cygne noir » qui nous informe que les statistiques, par définition, ne tiennent jamais compte du singulier et donc, qu'elles permettent d'anticiper ce à quoi tout le monde s'attend... et qu'elles ne servent à rien car, jusqu'à ce que l'on découvre

---

6 Note du traducteur.

l'Australie, tout le monde s'attendait à ce qu'un cygne soit blanc et misait tout, sans risque ni état d'âme, sur la blancheur immaculée de ces acariâtres volatiles.

Un statisticien croira que tous les cygnes sont blancs jusqu'à ce qu'on lui montre un cygne noir. Mais comme les cygnes noirs sont rares, cela ne changera rien à son regard.

Il s'est passé quelque chose de semblable dans nos rivières morvandelles où régnaient les délicieuses petites écrevisses autochtones à pattes rouges. Jusqu'à ce que, par appât du gain, on commençât l'élevage des écrevisses américaines, plus grosses et à croissance plus rapide. Quelques-uns de ces crustacés d'eau douce parvinrent à s'échapper des enceintes d'élevage pourtant forcloses. Mais qu'importait, statistiquement, ces quelques spécimens face aux innombrables écrevisses locales. Ces écrevisses américaines sont porteuses saines de la « peste des écrevisses », ce que tous ignoraient, même les statisticiens. Conséquence : dix ans plus tard, il n'y a plus d'écrevisses à pattes rouges dans le Morvan.

La massification ne peut qu'aboutir à des réductionnismes et à des simplismes. Pour qu'il y ait masse, il faut que les choses fassent masse, c'est-à-dire qu'elles se plient à des règles ou comportements généraux, valables pour tous, statistiquement observables. Là où il n'y a que des cas particuliers et aucun cas général, il ne peut y avoir de masse ou de massification. Cela tombe sous le sens.

La culture massique adore les généralisations, surtout lorsqu'elles sont hâtives ou abusives. Le réel est complexe, bien trop complexe. Il faut le simplifier pour y définir une moyenne et se concentrer à agir à l'intérieur de son écart-type. Il faut cibler. La ménagère de 40 ans, donc. Ou l'éternel adulescent de la génération Y. Ou l'étrange adolescent de la génération Z (qui, soit dit en passant, est particulièrement rebelle à entrer dans le moule statistique).

La doctrine de la massification fut à l'origine de la plus effroyable escroquerie intellectuelle et imposture conceptuelle de ces soixante dernières années : le marketing, les études de marché, les sondages d'opinion, les enquêtes de satisfaction, et toute la clique innombrable de ces inepties périlleuses. Décodons...

Trois phénomènes pernicieux y sont à l'œuvre.

La question contient la réponse. Le panel n'est jamais représentatif. Le résultat induit le comportement. Bref, il s'agit d'une vaste machination de manipulation... des masses. La boucle se boucle et l'ouroboros se mord bien la queue.

La question contient la réponse : comme il faut répondre vite et choisir la réponse proposée, la manipulation est évidente.

Le panel n'est jamais représentatif : pour obtenir des statistiques, il faut croire en la statistique.

Le résultat induit le comportement : c'est le phénomène bien connu de la suggestion par mimétisme.

Dont acte !

Uniformisation et standardisation

L'obsession du « prix bas » a enclenché, on l'a vu, une logique « de masse », une logique du gigantisme, de la taille et du volume, exactement comme la Vie, sur Terre, un moment, a opté pour le gigantisme dinosaurien durant le jurassique et le crétacé. Animaux gigantesques au corps énorme et à la tête trop petite... ils ont disparu dès qu'une perturbation forte des climats exigea d'eux une mutation, une adaptation que leur masse et leur volume leur interdisaient. Il se passe la même chose, aujourd'hui, pour les dinosaures économiques (les grandes entreprises de masse), politiques (les grandes administrations et l'État) et noétiques (les grandes universités et écoles).

Dans cette recherche effrénée du « prix bas », une fois une certaine taille atteinte, il faut encore trouver d'autres voies pour réduire les coûts de production et diminuer les prix de vente car, ne l'oublions pas, la « règle » obsessionnelle est de vendre plus, pour gagner plus, pour investir plus, pour s'endetter plus, pour produire plus... on connaît la litanie.

Bref. Une autre de ces voies est la standardisation généralisée. Plus il y a de diversité, plus il y a de coûts. L'équation est simplissime. Plus les campagnes de production sont courtes (ce qui serait le cas si le nombre de références était grand et, *a fortiori*, s'il s'agissait de sur-mesure où chaque résultat produit est unique), plus nombreux sont les arrêts de lignes, les temps de changement d'outils et de réglages, les durées de redémarrage ; bref : plus les temps improductifs sont nombreux et fréquents. Il faut donc des campagnes longues pour des gammes étroites où l'on trouve peu de référence. L'idéal est une seule référence. C'est le credo du fordisme qui, pour la Ford T de 1908 affirmait : choisissez la couleur qui vous plaît, pourvu que ce soit le noir (authentique !).

Philosophiquement, on comprend que diversité (le contraire de l'uniformité) et modicité (le contraire de la cherté) soient des grandeurs antagoniques. Si l'on veut que les prix soient les plus modiques possible, il faut que la diversité soit réduite au maximum et que l'uniformité soit maximale. La Modernité est ennemie de la diversité. De toutes les diversités ! À tous les niveaux, à toutes les échelles.

Standardisation de l'agriculture intensive par la monoculture. Standardisation industrielle par le culte des normes, normalisations, réglementations (soit dit en passant, la collusion entre les lobbies industriels et les groupes politiques qui légifèrent a produit un nombre insensé de normes absurdes et inutiles dont le seul objectif est de « tuer » les petits producteurs locaux qui n'ont pas les moyens d'investir pour se « mettre aux normes »). Standardisation des modes de vie : blue-jeans, hamburger, pizza, T-shirt... saupoudrés de quelques marques « jeunes » et de prix aussi bas que la qualité des produits. Standardisation des modèles économiques qui, même faux ou obsolètes, continuent de faire la « une » des journaux ad hoc : PIB, taux de chômage, balances des paiements, parités monétaires, commerce extérieur, budgets, etc. Standardisation des théories de la physique fondamentale avec le « modèle standard cosmologique » et le « modèle standard des particules élémentaires ».

Et, *last but not least*[7], mais qui résume tout à elle seule : standardisation du citoyen par l'égalité car l'égalitarisme est, en effet, un des fléaux inventés par la Modernité pour tenter d'éliminer les différences, la diversité naturelle ou culturelle.

Cette haine pour la diversité vient simplement du fait que le mécanicisme fondateur de la Modernité (Descartes, Newton) veut tout réduire (réductionnisme) à des élémentaires et rejette la complexité et tous ses effets. Un complexe n'étant, par définition, pas démontable (essayer toujours de démonter entièrement un être humain en ses « pièces » constitutives tout en le gardant vivant), il ne peut être réduit à ses seuls composants. Le mécanicisme moderne ne peut pas « encaisser » cette idée. Il *faut* que tout soit réductible en pièces interchangeables. Tous les humains *doivent* être égaux... d'abord, et, très vite après, semblables, identiques, programmés. C'est le grand rêve de tous les totalitarismes modernes, de tous les socialismes, qu'ils soient nationalistes, populistes, communistes, marxistes, révolutionnaires, démocrates ou utopistes.

---

7 Ndt : Le dernier mais non le moindre…

En vue d'uniformisation et de standardisation, la caractéristique majeure d'une grosse entreprise classique, inscrite en plein dans la logique de la Modernité industrielle, est la mainmise omniprésente de la bureaucratie. Ce terme mérite explicitation.

La bureaucratie, étymologiquement, désigne la tyrannie (-cratie) de la procédure (ce que l'on fait dans les bureaux). Tout y est procéduralisé. Tout y est normé. Et, pour que ces procédures soient appliquées à la lettre, sinon dans l'esprit, il faut soit en négocier le contenu avec les « partenaires sociaux », soit les assortir de systèmes de contrôles et de sanctions eux aussi procéduralisés, soit les rendre « indispensables » par lavages répétés des cerveaux (un cerveau lavable se nomme, en jargon managérial, un « cadre » : un truc carré que l'on suspend où l'on veut et qui, sinon, peut aller se faire pendre ailleurs).

Procédure de recrutement, d'abord, où tout est sondé, analysé, pesé, vérifié, à grand renfort de psychologues (vous savez : ces imposteurs mal dans leur peau qui ont fait ces « études » et qui font ce « métier » dans l'espoir, toujours déçu, de se guérir eux-mêmes), d'astrologues (même commentaire mais en plus mercantile), de graphologues... Tout est passé au peigne fin selon des procédures bien connues que les candidats apprennent, aujourd'hui, à manipuler comme ils veulent. Tout est sondé, sauf l'essentiel : les talents profonds !

Ensuite, viennent les procédures de positionnement dans la hiérarchie de l'organigramme avec les règles et priorités de la communication verticale. Y sont incluses les règles de préséance, de lèche-bottes et de faux-cul indispensables au bon fonctionnement de l'ensemble. Les règles du parapluie, universel et vital. Les règles de circulation dans l'organigramme avec les passages obligés chez des secrétaires idiotes mais si dévouées, qui, depuis qu'on les nomme « assistantes », se prennent pour Dieu-le-Père. Par parenthèse, à l'heure de l'informatique et de la Toile, la notion de « secrétaire » n'a plus aucun sens : chacun est responsable de son agenda, de ses courriels et de ses travaux écrits ou oraux. Il n'y a nul besoin d'un garde-chiourme pour prendre en charge les corvées dont on ne veut plus.

Et puis, il y a les procédures de qualité. Six ou sept mètres linéaires de dossiers procéduraux où, souvent, l'on distingue en filigrane trois lettres magiques : ISO... Des milliers de pages aussi fastidieuses à lire et à mettre en œuvre qu'elles sont inutiles et immédiatement obsolètes. Une entreprise n'est pas une machine à laquelle il « suffit » de donner un mode d'emploi détaillé. Une entreprise est un organisme vivant qui évolue à chaque instant, qui innove, qui se transforme sans cesse, qui n'est jamais la même et qui, donc, nécessairement, n'est jamais à l'image de ce qui est inscrit dans le marbre procédural. Et heureusement.

Comprenons bien : la procédure tente de pallier les incompétences supposées des acteurs, en leur explicitant, par le menu, ce qu'ils doivent faire et comment ils doivent le faire. Mais s'ils sont incompétents et non fiables à ce point, pourquoi les a-t-on recrutés, pourquoi ne les a-t-on pas formés ?

La procéduralité traduit et trahit une obsession programmatique : il faut que les humains fonctionnent comme des machines programmables – il ne faut surtout pas faire confiance à leur intelligence des situations et des actions. La procédure est leur programme. Mais si cette programmation est possible, pourquoi ne remplace-t-on pas ces humains par des robots, toujours parfaits et jamais en grève ? En revanche, si une telle substitution n'est pas possible, cela signifie que les procédures ne sont pas adéquates, donc pas pertinentes. Il faut choisir.

Plus profondément, le paradigme moderne est fondé sur la méfiance et le contrôle, et abhorre la confiance. C'est le syndrome du chef qui n'a confiance qu'en lui (et encore) et qui, parce qu'il est chef, croit dur comme fer qu'il peut tout mieux faire que ses subordonnés qui, puisqu'ils sont des subordonnés, lui sont, en tout, inférieurs.

Il est temps de faire la grande distinction entre « détenir un pouvoir » et « faire autorité ».

Le pouvoir se reçoit et se subit. L'autorité se mérite et se légitime.

Le pouvoir permet d'arbitrer des différends. L'autorité permet de résoudre des problèmes. Ce n'est pas tout à fait la même chose.

Cadencement et planification

Dans la droite ligne de la notion de standardisation organisationnelle et procédurale qui est, elle-même, la conséquence de la logique d'une économie de masse visant le « prix bas » et les gros volumes, le temps et l'organisation des temps n'ont pas échappé à l'idéologie industrialiste.

Comme nous l'avions étudié plus haut, le rapport au temps s'inscrit dans un spectre tendu entre cadencement et résonance.

La résonance joue sur la diversité – ennemie jurée du paradigme uniformisant de la Modernité –, elle permet et ouvre des jeux d'interférence sur de vastes plages de fréquence, pour parler le langage physicien. Concrètement, cela signifie que le système concerné, telle entreprise par exemple, développe une sensibilité large à des signaux extérieurs de multiples natures et s'organise de façon à pouvoir y répondre de façon appropriée et efficiente. Sans le savoir, une telle entreprise applique le concept taoïste du non-agir que nous reverrons plus loin et qui, en gros, consiste à accepter le réel tel qu'il est et tel qu'il va et de s'y adapter, en permanence, avec intelligence.

Le cadencement prend le parti inverse et rigidifie son rapport au temps en le pré-structurant au travers de grilles de planification. Au contraire d'un système résonant pour qui l'ennemi est l'uniformité, l'ennemi ici, c'est l'imprévu. Tout signal n'entrant pas dans la grille, soit est rejeté, soit passe inaperçu. La caractéristique majeure des systèmes cadencés est leur *indisponibilité*. Cela est vrai pour une usine totalement robotisée. Cela est vrai pour l'agenda des cadres effervescents qui ne pensent qu'à leurs résultats du jour ou du mois par rapport à leurs objectifs du jour ou du mois.

Être disponible, c'est donc n'avoir rien à faire. Et n'avoir rien à faire, c'est perdre son temps. Et perdre son temps, c'est perdre de l'argent !

Cela conduit à une effervescence aussi fébrile qu'improductive, bien connue des états-majors parisiens des gros dinosaures de la Défense. Là, il ne s'agit pas de faire son boulot, mais d'être vu, après dix-neuf heures trente, très affairé dans son bureau « porte ouverte », par le « Président »... qui, lui, n'en a rien à fiche puisque son seul objectif, à lui, est de faire imposer des objectifs aux autres, pour contenter les actionnaires.

Plus philosophiquement, la logique du cadencement, c'est-à-dire, d'un mot, du quadrillage *a priori* du temps, pousse au culte de l'indisponibilité, donc au culte de la fermeture au réel et à sa complexité. À force de vivre perpétuellement dans la fiction des objectifs futurs (qui ne sont, au fond, que des phantasmes quantifiés) et des rythmes planifiés (donc arbitraires), on devient totalement aveugle aux réalités du présent qui, elles, se fichent comme d'une guigne de nos plans, programmes, plannings, horaires de travail, congés payés, week-ends ou autres.

Il ne s'agit pas, dans mon propos, de faire l'apologie d'un quelconque stakhanovisme (la plus belle imposture et la plus énorme supercherie de la propagande communiste) et d'une présence, sur le front, 24 heures par jour, 365 jours par an. Il s'agit simplement de proposer à méditation une organisation du temps de travail, non pas selon des plages fixes prédéterminées, mais selon la réalité environnante du moment.

Le cadencement de l'activité et la planification des opérations forment une bonne méthode, qui a fait ses preuves, qui a construit toute l'économie moderne depuis 1850 mais surtout entre 1950 et 1985. Comprenons bien que les techniques de planification relèvent d'une science, branche de la physique complexe : la cybernétique, la science de la régulation. Par exemple, faire un budget, évaluer tous les mois les écarts entre ce qui avait été prévu et ce qui a été réalisé, en déduire des plans d'action pour corriger les écarts et les mettre en œuvre, est typiquement une boucle de rétroaction, exactement similaire à la boucle qui existe, dans votre maison, entre la chaudière du chauffage central, le thermostat du séjour et la température ambiante.

Or, les cybernéticiens savent bien que ne sont planifiables que les systèmes mécaniques plongés dans un milieu stable et prévisible.

Plus précisément, il existe trois conditions majeures de planifiabilité.

D'abord, il faut que l'objectif soit précis et stable : il est impossible de planifier un voyage si l'on ne sait pas où l'on va, de façon claire et univoque.

Ensuite, il faut que le processus soit linéaire et séquençable, sans boucles internes : en clair, entre le point de départ et le point d'arrivée, il faut que le chemin ne puisse pas tourner en rond, comme dans les projets où l'on a planifié la découverte d'une solution inédite qui ne pourra être trouvée que par essais et erreurs, donc par itération. Comment planifier le nombre de jours nécessaire pour devenir génial, pour que la bonne idée vienne, pour que la lumière jaillisse ?

Enfin, il faut que le maître d'œuvre possède la maîtrise d'une majorité des paramètres d'influence sur le projet planifié. À quoi servirait la planification d'un projet dont le déroulement passe, majoritairement, par la volonté ou le caprice de gens ou d'événements que vous ne contrôlez pas ?

Or, plus aucune de ces trois conditions de planifiabilité n'est satisfaite en milieu complexe, turbulent et incertain.

Au chapitre de la procéduralisation bureaucratique évoquée plus haut, il faut ajouter, pour finir, le délicieux verset des procédures de planification.

Il y a les procédures du plan chiffré et précis à trois ans dans un monde où l'horizon de visibilité est de trois mois, au mieux, et plus souvent de trois semaines.

Il y a les sacro-saintes procédures budgétaires et de contrôle budgétaire où l'on passe un bon mois à pondre un tableau détaillé de chiffres débiles, déduits des exigences arbitraires des actionnaires (une croissance – encore ! – de 12 % est indispensable, surtout lorsque le monde alentour est durablement en récession et définitivement en décroissance), tableau que l'on revoit tous les mois en réunion où l'on s'éreinte à expliquer pourquoi, de mois en mois, ce qui a été prévu n'a jamais été réalisé.

L'heure est à un prompt retour aux fondamentaux : plus un monde devient complexe, plus il devient imprévisible.

Lorsque le niveau de complexité est le plus bas et que l'on a affaire à un monde mécanique, la prévisibilité est souvent satisfaisante – à la condition d'avoir repéré les paramètres pertinents, ce qui n'est pas forcément une mince affaire.

Mais dès que l'on quitte les systèmes mécaniques – les plus rudimentaires – et que l'on grimpe dans l'échelle des organisations organiques (pardon pour le quasi-pléonasme), tout change.

L'imprévisibilité et l'incertitude croissent, et le déterminisme s'étiole. La vieille loi de cause à effet est mise à mal. Car c'est bien de remise en cause du principe de causalité qu'il s'agit. Aristote avait parfaitement résumé celui-ci.

Tout effet a une cause.

À même cause, même effet.

L'intensité de l'effet est proportionnée à l'intensité de sa cause.

Ces trois grands principes, qui semblent de bon sens, sont tous mis à mal dès que l'on monte dans l'échelle des complexités.

Tout effet a une cause ? Faux. Les émergences qui caractérisent les systèmes complexes résultent de la convergence d'une infinité de causes et il est impossible d'en pointer une seule (ou un petit nombre) qui serait déterminante.

À même cause, même effet ? Faux. Tout système pourvu de mémoire – ce qui est le cas de tous les systèmes complexes, même au niveau rudimentaire de l'aimant ou du cristal métallique – réagit en fonction de la cause présente, mais aussi des résultats passés et mémorisés de ses réactions antérieures.

L'intensité de l'effet est proportionnée à l'intensité de sa cause ? Faux. La théorie appelle cela « l'effet papillon » et montre que, dans des milieux ou systèmes loin de l'équilibre, une cause infime peut déclencher des réactions et des effets colossaux.

Or, le système socioéconomique mondial est un système hypercomplexe plongé dans un milieu (la sociosphère et la biosphère), lui aussi, hypercomplexe. Et plus cette complexité croît (ce qui est bien le cas, avec une accélération terrible depuis la révolution numérique), plus croissent l'imprévisibilité et l'incertitude... et plus il faut dire adieu aux modèles et méthodes de la planification du temps et du cadencement des activités.

Le pillage : la grande logique de la Modernité

Le mot « pillage » est-il trop fort ? Voyons...

J'avais écrit un peu plus haut ceci...

N'oublions pas :

CROISSANCE DE L'ÉCONOMIE = ENDETTEMENT GÉNÉRAL

Le mythe de la croissance passe par l'économie de masse.

Il faut à présent tirer une autre conclusion, parallèle à celle-ci et qui paraîtra paradoxale, sans doute :

CROISSANCE DE L'ÉCONOMIE = APPAUVRISSEMENT GÉNÉRAL

L'économie humaine vise à satisfaire les besoins et les envies (le sens de ces deux mots devra être approfondi) du genre humain dont la démographie a explosé exponentiellement à partir de 1850 environ, sous le triple effet de la révolution industrielle (la domestication de l'énergie par le moteur à vapeur, puis par l'électricité), de la mutation médicale (généralisation de l'hygiène et découverte des microbes) et d'une mondialisation coloniale (conquête de l'Ouest des États-Unis et du Canada, mise sous tutelle de toute l'Afrique, du proche et moyen Orient, de l'Inde et de l'Indochine, de la Sibérie, etc.).

Il faut à présent revenir aux concepts de la thermodynamique. Le système humain (lieu d'une démographie et d'une économie des besoins et des envies) est un sous-système du système terrestre qui est un système quasi fermé (la Terre reçoit seulement un peu d'énergie solaire fortement diluée).

La croissance du système humain implique, nécessairement, la dégradation du système terrestre pour la seule et bonne raison que l'apport solaire est bien trop faible et bien trop dilué pour y subvenir. Répétons-le encore une fois, mais il faut marteler ce fait : l'énergie solaire ne peut satisfaire que les besoins vitaux d'une population humaine totale située entre un milliard et un milliard et demi d'individus. Nous sommes donc déjà, aujourd'hui, six milliards de trop. Pour faire vivre ces six milliards de trop, une seule issue : dégrader le système terrestre.

J'écris bien « dégrader » car, ici encore, la thermodynamique ne permet aucun miracle : pour nourrir le terrible besoin (exponentiellement croissant avec la démographie) en néguentropie de l'humanité, il faut l'extraire – avec des rendements pas toujours bien terribles – de l'environnement terrestre. Concrètement, cela signifie qu'il faut nourrir « l'ordre » humain en détruisant « l'ordre » terrestre.

Illustrons de quelques exemples...

Pour construire des maisons, il faut fabriquer des pierres ou briques, et du ciment, c'est-à-dire extraire des roches de la lithosphère et donc fragiliser la croûte terrestre avec, pour conséquence, dans certaines régions, des glissements de terrain, des effondrements, des trous béants. Tout cela est irréversible : le ciment, la terre cuite, la pierre taillée ne redeviendront plus jamais montagne ou roche ou argile.

Pour fabriquer du papier, il faut abattre des arbres que l'on tue, donc, alors qu'ils ont mis vingt-cinq ans à pousser. On en replante d'autres, certes, qui puiseront dans les sols, en les dégradant, les sels minéraux et l'eau douce dont ils ont besoin. Or la croissance des besoins humains en bois d'œuvre, en bois de chauffage et en pâte à papier excède, et de loin, la vitesse de pousse des arbres ; en conséquence, globalement, il y a déforestation de la planète... alors que la forêt est le poumon de notre monde qui transforme le dioxyde de carbone en oxygène.

L'agriculture intensive – c'est-à-dire massifiée – est l'alliance de la monoculture (culture massive d'une seule variété sélectionnée, au même endroit), d'un arrosage pharaonique (73 % des eaux douces de la planète servent à l'arrosage des champs, notamment, à grande échelle, de blé, de maïs et de coton aux États-Unis) et de l'usage intensif d'engrais chimiques et de pesticides, tout aussi chimiques. Les sols sont morts, vidés de toute substance et ne servent plus que de support matériel aux plantes : tous les apports sont artificiels. Cette dégradation des sols, comme toutes les dégradations entropiques, est irréversible.

Les exemples peuvent être multipliés à l'infini. Où que l'on regarde (habitat, vêtement, nourriture, transports, infrastructures, usines, bureaux...), partout l'on voit que l'homme ne vit qu'en tuant sa planète. Non qu'il soit « méchant », mais parce qu'il n'échappe pas, jamais, en rien, aux lois de la thermodynamique.

Bien sûr, il y a le recyclage. On sait que pour faire du verre neuf, il faut 30 % de verre ancien. Cela diminue donc de 30 % les extractions de silice... à consommation constante, ce qui n'est pas le cas. De même pour le papier, le recyclage produit du papier dit recyclé, de seconde génération, qui n'est pas propre à tous les usages, loin de là, et qui, lui, ne pourra plus jamais être recyclé parce que déjà trop dégradé. Les exemples foisonnent.

Il faut, néanmoins, s'obstiner à recycler le plus possible, mais il n'y aura jamais là une panacée. Le recyclage, au mieux, pourra couvrir entre 15 et 20 % de la consommation... ce qui ne fait que retarder de quelques décennies les échéances fatales de la pénurie.

Il faut savoir, de plus, que bien des matériaux précieux ne seront jamais recyclables parce qu'utilisés à dose « homéopathique » très diluée dans d'autres matériaux. Ainsi les métaux rares mélangés aux métaux classiques pour l'industrie automobile. Ainsi les terres rares (dont la Chine a le quasi-monopole mondial, par don de Mère Nature) qui sont disséminées dans la masse des contacteurs électroniques (pour l'informatique ou le rotor des éoliennes). Ainsi les métaux précieux dispersés au sein des circuits imprimés et des puces de nos ordinateurs. Etc. Du fait de leur très grande dispersion dans la masse de leur support, ces matériaux précieux et rares sont perdus à jamais car ils ne pourront jamais être recyclés. Ils seront bientôt épuisés. Comment, alors, fera-t-on dans les usines de fabrication des ordinateurs, tablettes et autres portables ?

Il faut à présent revenir sur la notion d'irréversibilité qui est au cœur de ce débat. On a vu, plus haut, les deux idées centrales : l'énergie se conserve (on ne consomme jamais d'énergie, on consomme des supports d'énergie condensée en les dégradant), l'entropie croît avec, pour conséquence, que les systèmes à hautes néguentropies comme les organismes vivants, l'humanité et son système socioéconomique ne peuvent survivre qu'en consommant, avec de mauvais rendements, la néguentropie de leur milieu. Il faut très bien comprendre cette dernière phrase ! Répétons-la : ***l'humanité et son système socioéconomique ne peuvent survivre qu'en consommant, avec de mauvais rendements, la néguentropie de leur milieu***.

C'est là que la logique du « pillage » de la Nature s'inscrit, selon deux axes. D'abord, celui de la très déraisonnable et suicidaire croissance démographique qui amplifie exponentiellement cette dégradation. Ensuite, la myopie de la Modernité qui a fonctionné depuis toujours, mais surtout depuis la révolution industrielle en ignorant les lois de la thermodynamique et « en faisant comme si » les réserves de la Terre étaient infinies. C'est ce point précis qui sera traité après être repassé dans l'âtre de Descartes, quelque part en Hollande...

L'écologie de la Modernité : le triomphe de Descartes

Il faut remonter un peu dans l'histoire de la culture occidentale pour comprendre le rapport que la civilisation européenne entretient avec la Nature. Au contraire des civilisations chinoises (notamment exportées au Japon et en Corée), l'Occident ne s'est jamais considéré *dans* la Nature, mais toujours *face* à la Nature. La raison en est simple, Au contraire de la Chine, encore une fois, l'Occident a toujours été dominé par ses élites urbaines et n'a jamais développé un grand engouement pour sa paysannerie.

Le christianisme, qui a forgé le socle de l'Occident européen et américain (tant du Nord que du Sud), est une tradition purement citadine, née dans les villes romaines où il recruta essentiellement dans les milieux défavorisés : les pauvres, les femmes, les enfants, les esclaves... mais de paysans, point. D'ailleurs, rappelons qu'en français, « paysan » et « païen » sont un seul et même mot dérivé du *paganus* latin : le bouseux...

Toutes les villes européennes furent christianisées dès les IVe, Ve et VIe siècles, alors que les campagnes ne le furent qu'entre le IXe et le XVIe siècle (et encore, je ne suis pas certain qu'elles le soient toutes, encore aujourd'hui... le Morvan reste celtique !).

La Modernité, elle, sans ambages, naît et s'ancre en ville. La Noblesse campagnarde (les hobereaux, comme l'on dira) est évincée au profit de la Cour et des bourgeois marchands et artisans qui, tous, vivent à la ville et méprisent la campagne. La Modernité est radicalement urbaine. Et, très logiquement, elle a fait s'hypertrophier les villes au point que, bientôt, 80 % des humains vivront dans les mégalopoles des pays émergents (alors que le nouveau paradigme, en s'installant peu à peu, engendre un déficit migratoire dans les grandes villes des vieilles nations européennes, comme Paris ou Marseille ou Lyon en France – c'est une des causes, mais pas la seule, de l'effondrement des marchés immobiliers urbains).

Ainsi, pour le dire d'un mot, Chrétienté et Modernité ne voient la Nature que comme un réservoir de ressources ou un lieu de ressourcement. Elles sont, toutes deux, anthropocentriques et citadines. La vieille tradition de la Déesse-Mère et du cosmocentrisme paysan leur est totalement étrangère... et ennemie.

C'est René Descartes qui théorisa le rapport entre Modernité et Nature. Retraçons le contexte. Les Humanistes et les Bourgeois du XVIe siècle avaient, peu à peu, eu le génie d'affranchir les élites économiques, politiques et noétiques (les écrivains, philosophes, savants, penseurs, poètes) des carcans théologiques et moraux imposés par la Catholicité. Tout ne s'est pas fait d'un coup. Il fallut un siècle d'efforts et d'obstination, quelques bûchers, quelques tortures inquisitoriales, quelques procès en sorcellerie et en hérésie... mais les idées d'affranchissement, de libération, de progrès finirent par passer.

Il fallait, alors, les formuler, les préciser, les théoriser, les rigoriser. Ce sera l'œuvre du XVIIe siècle, siècle de Galilée, de Descartes, de Spinoza, de Pascal, de Newton, de Leibniz et de tant d'autres aux noms prestigieux, siècle long qui déborda un peu sur le XVIIIe (Newton meurt en 1727).

Tous ces penseurs fameux forgèrent les fondements philosophiques (le rationalisme), artistiques (le classicisme) et scientifiques (le mécanicisme) de la Modernité. À leur suite, le XVIIIe siècle en déduisit les conséquences éthiques (le criticisme de Kant et le sensualisme de John Locke et Étienne Bonnot de Condillac), politiques (le démocratisme des Lumières, dont Kant) et économiques (le mercantilisme de Colbert et l'utilitarisme de Jeremy Bentham).

Tous ces penseurs ont construit leur relation à la Terre et à la Nature à partir de l'opinion formulée par Descartes.

Cette opinion est d'une simplicité absolue et d'une radicalité terrible : la Nature est faite pour être dominée et exploitée par l'homme à son seul profit. Dont acte !

En cela, il reprenait, confirmait et théorisait l'opinion que l'Église catholique, de longue date, avait formulée au départ de mauvaises traductions vernaculaires des textes hébreux du livre de la Genèse.

Il faut y revenir quelques instants...

Un verset biblique (Gen.:1;28) est au cœur de ce débat.

La traduction classique que Segond en donne et qui n'est pas la plus mauvaise – celles d'Osty ou Maredsous sont bien pires – est la suivante :

Dieu les bénit et Dieu leur dit : « Soyez féconds, multipliez-vous, remplissez la terre et soumettez-la. Dominez sur les poissons de la mer, sur les oiseaux du ciel et sur tout animal qui rampe sur la terre. »

La traduction littérale, mot à mot, donne tout autre chose :

Et Il favorisera des dieux avec eux et Il dira vers eux : « Des dieux fructifièrent et multiplièrent et accomplirent avec la terre et la conquirent (au sens amoureux) *et descendirent dans le poisson de la mer et dans l'oiseau du ciel et dans tout vivant rampant sur la terre. »*

Il faudrait être d'une grande mauvaise foi pour ne pas noter les immenses divergences entre ces deux textes ! D'un côté : soumission et domination, de l'autre : séduction et compassion (le verbe « descendre » indique une action d'empathie).

Ce sens littéral est d'ailleurs confirmé par un autre verset « écologique » (Gen.:2;15) dont la traduction, toujours littérale, donne :

Et YHWH prendra des dieux avec l'homme et Il l'établira dans le jardin d'Éden pour le servir et pour le protéger.

Pas de discussion possible. Descartes, suivant en cela l'idéologie chrétienne, a tout faux.

Il n'empêche, contre les prescriptions toraïques, le dualisme idéaliste platonicien, fondement de la théologie chrétienne et de l'idéologie cartésienne, est institué. Il perdurera durant près de cinq siècles.

En gros, le dispositif cartésien distingue, strictement et rigoureusement, deux mondes étrangers l'un à l'autre : le monde terrestre matériel et le monde céleste spirituel. Au monde céleste spirituel appartiennent le Dieu trinitaire, les anges et les âmes. Au monde terrestre matériel appartiennent notre univers physique, ses matières, ses phénomènes et les corps animaux qui ne sont que des machines semblables aux automates qui commencent, à l'époque, à divertir les cours.

Descartes considère ces corps-machines (c'est son expression) et les animaux-machines (idem) comme des objets sans le moindre intérêt, sans le moindre affect (il préconisera d'ailleurs la vivisection des animaux au prétexte que des machines ne ressentent rien de signifiant).

La Nature n'étant que machinerie et matière, domaine du Diable et de ses diableries, n'a, elle non plus, aucun intérêt. Il convient de l'exploiter sans vergogne pour le salut des âmes et la plus grande gloire de Dieu. C'est dit ! Et ce sera fait !

Pillage de la Nature

Reprenons le fil là où nous l'avions lâché pour retourner visiter Descartes...

J'écrivais :

« Il faut très bien comprendre cette dernière phrase ! Répétons-la : ***l'humanité et son système socioéconomique ne peuvent survivre qu'en consommant, avec de mauvais rendements, la néguentropie de leur milieu***.

C'est là que la logique du « pillage » de la Nature s'inscrit, selon deux axes. D'abord, celui de la très déraisonnable et suicidaire croissance démographique qui amplifie exponentiellement cette dégradation. Ensuite, la myopie de la Modernité quia fonctionné depuis toujours, mais surtout depuis la révolution industrielle en ignorant les lois de la thermodynamique et ***"en faisant comme si"* les réserves de la Terre étaient infinies**. » J'y souligne ce qui fait l'objet du présent chapitre...

L'industrialisation du monde fut une longue et incroyable euphorie : apothéose de la Modernité ; triomphe des sciences et, surtout, des techniques ; allongement de l'espérance de vie par les progrès de l'hygiène, d'abord, et de la médecine, ensuite ; croissance démographique donc main-d'œuvre importante et bon marché, ici ou ailleurs, dans les colonies, par exemple ; conquêtes de territoires vierges (en Afrique noire et dans le Tonkin, notamment) regorgeant de ressources naturelles minérales et végétales ; découverte d'immenses réserves de pétrole sous les pieds de quelques tribus bédouines insignifiantes...

Pourquoi et pour quoi se priver ? Vive l'Occident maître du monde, maître de tous les mondes. Euphorie, donc.

Et lorsque l'on est au comble de l'euphorie, on ne veut plus redescendre les pieds sur terre, on ne veut pas entendre les mauvaises nouvelles, on ne veut pas savoir que tout réservoir de volume fini se vide un jour.

Mais baste ! La technologie suivra bien. L'homme, grâce à son intelligence fertile, trouve toujours, au bon moment, la technologie salvatrice ! Quand on n'a plus de pétrole, on a des idées... mais comment faire rouler une voiture, voler un avion ou tourner une turbine seulement avec des idées ?

Cette euphorie industrialiste, dont le « rêve » américain fut le parangon, fut relancée de plus belle après la seconde guerre mondiale avec le plan Marshall en Europe et le plan Mac Arthur au Japon. Le billet vert, à grands coups de planche à billets, acceptés par tous suite aux accords de Bretton Woods[8], semblait inépuisable. Le raisonnement était simple : la masse monétaire mondiale symbolise la richesse mondiale et, comme cette masse ne fait que croître grâce à la planche à billets (et via l'astuce artificielle des eurodollars – les dollars émis en sus de l'économie américaine et « couverts » par la reconstruction et le redéveloppement futurs de l'Europe et du Japon – et des pétrodollars – les dollars émis en sus des économies américaine et européenne et « couverts » par les achats mondiaux de pétrole libellés obligatoirement en dollars américains[9]), la richesse du monde ne fait qu'augmenter. Pourquoi et pour quoi se tracasser ?

Cet aveuglement euphorique est explicable, même s'il n'est pas excusable. Mais allons aux conséquences actuelles. La première alerte, on s'en souvient, ce fut le rapport que Philip Meadow fit pour l'OCDE : les réserves mondiales sont limitées, leur faible taux de reconstitution est largement inférieur au taux de croissance de la démographie humaine ; en conséquence de

8 Cet usage de la planche à billets était contraint par des conditions drastiques (limitation des droits de tirages spéciaux aux besoins de financement pour la reconstruction de l'Europe et du Japon ; limitation de ces tirages au volume d'or en réserve à Fort Knox ; convertibilité, à tout moment, du dollar en son équivalent-or). Or, pour financer la sortie de guerre au Vietnam, Nixon a unilatéralement aboli ces conditions et a recouru (comme Kennedy pour sa conquête de l'espace et comme Reagan pour mettre l'URSS à genoux) à la planche à billets de façon outrancière. Heureusement, l'astuce des eurodollars et des pétrodollars a pu jouer à fond et, comme tout le monde y avait quelque part intérêt, tout le monde a laissé faire. La Chine, parce qu'elle avait des quantités affolantes de dollars (qui ne valaient déjà plus rien, mais qui circulaient bien) a d'ailleurs joué le rôle de banquier, en dollars, pour financer les endettements américains. Aujourd'hui, cette source de financement est tarie et plus personne n'achète les bons du Trésor américain… sauf la FED…

9 N'oublions jamais que la cause réelle et profonde des « problèmes » koweïtien, irakien et iranien est le refus de ces pays d'obtempérer à l'injonction américaine de ne vendre du pétrole que contre des billets verts. La guerre mondiale des monnaies que nous vivons aujourd'hui (j'écris ce 5 mars 2013) n'est que cela : l'énergie du désespoir des États-Unis pour conserver au dollar son statut de monnaie internationale de référence. Si tel n'est plus le cas – et le plus vite sera le mieux –, la masse des dollars en circulation ne serait plus couverte par rien, et la valeur du dollar s'effondrerait *illico*. Ce sera pour le second semestre 2013, vraisemblablement.

quoi, il faut s'attendre à quitter une logique apparente d'abondance pour entrer dans une logique généralisée de pénurie.

Eh bien, c'est fait ! Le *peak of everything* a été passé, globalement (même s'il faut regarder cela ressource par ressource, ce qui, à l'échelle du siècle, ne change rien quant au résultat final). Le basculement s'est déroulé au début des années 2000 (même la très américanisante Agence Internationale pour l'Énergie a fini par admettre, en janvier 2011, que le pic pétrolier avait été franchi... en 2006 : bravo pour l'anticipation !).

Toutes les gesticulations politico-financiaro-industrielles n'y changeront rien ! Les effets d'annonce, aussi ridicules que terrifiants, sur les gaz de schiste ou autres âneries équivalentes ne font que reculer toutes les échéances de quelques années pour un coût humain, financier et écologique exorbitant. Encore une fois, ce sont les marchands d'endettement et les chaînes de Ponzi de la finance spéculative qui y gagnent, au détriment du reste de l'humanité.

Obama, grâce à ce leurre, se fait réélire en promettant une grande « relance » de l'économie américaine (s'il faut la relancer, c'est donc que l'on admet, enfin, pour la première fois officiellement, que cette économie va mal)... et cinq mois plus tard, la cité de Detroit, capitale du mythe industriel américain, dépose son bilan, noyée sous les chômeurs, les gangs et les SDF... et la misère généralisée. Mais les États-Unis – comme nos politiques – ne sont-ils pas les champions de cette poudre aux yeux dont les génériques de Walt Disney et les fictions hollywoodiennes servent la propagation, sinon la propagande ?

Tout cela aboutit à un vaste processus d'accaparement de toutes les ressources naturelles, à tout prix, par tous les moyens. Parmi celles-ci, outre les terres et métaux rares et les métaux précieux indispensables aux industries numériques, les plus stratégiques sont les terres arables, l'eau douce, le pétrole et le gaz naturel, l'uranium, les forêts de feuillus, les océans.

Après la quatrième guerre mondiale, celle des monnaies, que nous vivons aujourd'hui, viendra la cinquième guerre mondiale : celle des ressources naturelles pénuriques. Elle est déjà bien entamée, cette guerre-là. La Chine, pour ne parler que d'elle, a racheté à peu près tous les gisements minéraux vacants d'Afrique noire et achète, à tour de bras, des terres arables un peu partout dans le monde... avec des dollars qu'elle sait ne plus rien valoir (elle continue donc de financer, du bout des lèvres et des doigts, les États-Unis, le temps de finir ses emplettes, et laissera tomber le dollar ensuite, lorsqu'elle n'en aura plus besoin).

Sic transit gloria mundi...

Pillage de l'Homme

Mais la logique du pillage ne s'est pas arrêtée à la Nature, sur le seuil du monde humain.

Le pillage de la ressource humaine a fait partie du jeu. Et il le fait toujours car, si la Chine ou l'Inde ou le Brésil ou la Russie d'aujourd'hui sont considérés comme les parangons des économies émergentes (le mythe journalistique des BRIC), c'est en pillant leurs ressources naturelles (Brésil et Russie) et humaines (Brésil, Chine et Inde).

Car comment appeler autrement le fait de faire trimer comme des bêtes des centaines de millions de personnes, femmes, enfants et vieillards compris, contre des clopinettes, permettant ainsi aux États et à leurs apparatchiks de remplir leurs caisses étatiques... ou personnelles ?

Mais le phénomène n'est pas neuf. Dès les débuts de l'industrialisation, l'exploitation parfois éhontée des ressources humaines en avait révolté plus d'un. Il ne faut pas chercher ailleurs la source des utopies socialistes de la seconde moitié du XIXe siècle, y compris celle de Marx et d'Engels, origine de la doctrine (soi-disant « scientifique ») du matérialisme dialectique et de l'idéologie qui deviendra, au travers de Lénine, de Staline et de Mao Tsé-toung, l'absurde et sanglant système communiste... pilleur, plus que tous, de la ressource humaine à la gloire des plans quinquennaux.

Ne revenons pas sur les analyses marxiennes, toutes fausses car fondées sur deux concepts erronés et simplistes.

Le premier est la notion de classes sociales qui est un pur mythe binaire (les riches et les pauvres, la bourgeoisie et le prolétariat) sans aucun fondement sociétal : toutes les caractéristiques socioéconomiques des gens, comme le revenu, le patrimoine, le niveau d'instruction, l'habilité professionnelle, etc. se donnent, statistiquement, comme des gaussiennes continues et non comme des strates séparées et étanches.

Le second est de réduire le « jeu » socioéconomique à une supposée « lutte », encore binaire, entre capital et travail.

Il n'y a pas des riches et des pauvres : il y a des très riches, des riches, des un peu riches, des un peu pauvres, des pauvres et des très pauvres... De même, il y a ceux qui travaillent beaucoup, qui travaillent, qui travaillent un peu, qui flemmardent un peu, qui flemmardent, qui flemmardent beaucoup et ceux qui ne font rien, rentiers chez les plus riches, chômeurs ou parasites chez les autres.

Toutes les analyses marxiennes sont binaires et ces binaires n'existent tout simplement pas.

Il n'en demeure pas moins que la juste rémunération du travail fourni (que ce travail soit physique, ancillaire, intellectuel, créatif, expert, etc. ne change rien à la discussion) reste un problème complexe.

Pour y répondre, la pensée économique moderne a inventé le concept du « marché du travail » et la pensée socialiste moderne a retrouvé celui de « solidarité » qu'elle emprunta aux guildes et corporations médiévales.

Ce dispositif permettait, en théorie, de résoudre le problème : les entreprises puisent sur le marché du travail les ressources humaines nécessaires, au prix du marché, et le système étatique de solidarité taxe ce travail (tant sur les salariés que sur les entreprises) pour redistribuer sa manne vers ceux qui ne travaillent pas.

Ce mécanisme est totalement biaisé par deux phénomènes.

Primo, celui du caractère pernicieux de l'égalitarisme socialiste : on y confond l'homme réel et son statut social. Puisque tous les « travailleurs » sont égaux, ils se valent donc. Un fainéant, un parasite, un profiteur, un planqué, un voleur, etc., tout cela n'existe pas... sauf dans l'imaginaire de ces « salauds » d'exploiteurs du peuple que sont les patrons (patrons dont l'immense majorité travaillent à leur risque, dans des PME qui ne peuvent pas leur offrir les rémunérations des PDG de luxe de chez les dinosaures, qui triment comme des fous et qui, en plus, font en général tout ce qu'ils peuvent pour créer des emplois de qualité et pour préserver leurs collaborateurs des aléas économiques).

Cela aboutit à faire du marché du travail un marché artificiellement concurrentiel où l'on compare des pommes et des poires.

Cela aboutit au *dumping* social qui brade les prix du travail et permet aux financiers d'obliger les entreprises à choisir la main-d'œuvre du prix le plus bas, comme elles le feraient pour n'importe quelle ressource naturelle... ce qui amène ces entreprises à devoir hiérarchiser, procéduraliser, spécialiser, informatiser et robotiser au maximum pour pouvoir se contenter de main-d'œuvre sous-qualifiée.

Cela aboutit, en réponse, aux surenchères syndicales visant à standardiser les contrats d'emploi, les conditions de licenciements, les salaires et grilles de rémunération, les primes, les heures de présence... et, bien sûr, à construire des usines à gaz pour contrôler tout cela, offrant ainsi des sinécures aux professionnels de la chicane syndicale.

Ce genre de confusion aboutit à des délocalisations d'activités vers les pays à bas salaires. Cela aboutit à des aberrations comme la loi des 35 heures qui visait à redistribuer le travail au nom de l'égalité des gens ; des gens, peut-être, mais pas de leurs compétences, talents, intelligence, courage, engagements, etc.

Secundo : qui est celui qui ne travaille pas ? C'est, par définition, le bénéficiaire de la machinerie solidaire. C'est donc, aussi bien, celui qui refuse de travailler, celui qui n'a pas besoin de travailler, celui qui ne trouve pas de travail, celui qui ne sait pas travailler ou celui qui travaille, mais au noir. Cette machinerie solidaire, comme toutes les institutions modernes, est une vaste bureaucratie, idiote et acéphale, qui fonctionne – c'est le mot ! – par statuts et procédures, et qui n'a que faire de la réalité vécue. « Chômeur » est un statut administratif, pas une réalité de vie ; c'est devenu, parfois, pour cette raison, un métier d'habileté parasitaire. Le système n'est pas capable de distinguer le vrai parasite du vrai miséreux vraiment nécessiteux. Le système de solidarité est devenu, par la force des logiques bureaucratiques et fonctionnaires, un système d'assistanat généralisé, largement amplifié par le clientélisme électoraliste des professionnels de la démagogie.

Par voie de conséquence, tant parce qu'il s'agit d'une vaste usine à gaz fonctionnaire, dispendieuse et inefficace, que parce que l'on assiste tout un peuple de parasites qui ne sont nullement nécessiteux, le système de solidarité étatique est une vaste gabegie financière qui met les entreprises à genoux, tant les ponctions sont énormes. Mais le politique se fiche de l'économique, il faut se mettre cela dans la tête une bonne fois pour toutes. L'économique est la vache à lait du politique qui ne cherche que le pouvoir. Point barre.

Mais il y a une tout autre forme d'aliénation de l'homme par le système socioéconomique moderne qui, elle, ne relève pas du travail en amont, mais de la consommation en aval.

Le travailleur est aussi le consommateur. Nous l'avons déjà souligné plus haut. Au pillage de la ressource humaine par une organisation malsaine du travail, répond le pillage du porte-monnaie humain par une organisation pourrie de la commercialisation des produits et services. Et le pourrissement du système commercial repose tout entier sur le mensonge érigé en système. Vendre n'est plus, depuis longtemps, la négociation d'un échange équitable sur une base gagnant-gagnant, où la valeur d'échange et la valeur d'usage se correspondent bien. Vendre, c'est arnaquer. Et plus on est grand vendeur (comme la grande distribution), plus on a les moyens d'être gros arnaqueur.

Et le premier véhicule de cette arnaque généralisée, c'est la publicité : cette malfaisance et cette pollution informationnelles qui envahissent tous les espaces pour chercher à manipuler crapuleusement tous les esprits, en commençant par les plus faibles (les personnes âgées, les personnes peu instruites et, surtout, les adolescents).

Et puisque la publicité permet de vendre n'importe quoi, pourquoi se gêner ? Si l'on a le volume suffisant pour y diluer la proportion des mécontents ou des déçus, pourquoi ne pas arnaquer sur tout ? Et, tant qu'à faire, puisqu'on a la puissance financière, pourquoi se priver de mettre à genoux et d'exécuter tous ces petits fournisseurs qui croient encore pouvoir faire bien leur métier, proprement, soigneusement ; s'ils sont si naïfs, ils ne méritent pas leur place dans la meute des gros *tyrannosaurusrex*... et s'ils sont coriaces, il suffit de les racheter pour mieux les phagocyter ou les démanteler.

Nous voilà bien au fond de la logique de massification de l'économie moderne et des pillages de l'humain : puisque, croissance oblige, il faut vendre de plus en plus au prix le plus bas possible, s'enclenche, automatiquement, le cercle vicieux de l'hyperconsommation, de la sous-qualité (voire du réel danger pour la santé publique ; les exemples récents foisonnent), de l'hyper-publicité racoleuse, vulgaire, mensongère et pitoyable, de la mainmise des dinosaures sur tous les circuits de distribution, de l'explosion des hypermarchés et des centres commerciaux pour lobotomisation massive et profonde de la populace, etc.

Les grandes ruptures de la seconde moitié du XXe siècle

Nous vivons une immense et profonde mutation paradigmatique. Ce n'est ni la première, ni la dernière. La dernière en date fut la Renaissance qui nous fit passer de l'économie agraire de la Féodalité à l'économie marchande de la Modernité. La plus profonde fut la révolution néolithique qui nous fit basculer d'une vie de chasseur-cueilleur à une vie d'éleveur-agriculteur. Chaque fois s'entrechoquent utopie et nostalgie, utopistes et nostalgiques. Le déclin de la logique passée, quoique irréfragable et irréversible, induit des résistances, parfois désespérées, parfois opiniâtres, parfois délétères. De tels bouleversements ne se déroulent jamais sans douleur (rappelons que la Renaissance a aussi enclenché les guerres de religion qui ensanglantèrent l'Europe pendant plus d'un siècle). Plus ces transformations de fond sont artificiellement retardées, plus ces douleurs sont vives et profondes.

On ne peut retarder impunément l'enfantement d'un monde nouveau, arrivé à terme.

Rappelons que ce qui caractérise la Modernité, c'est-à-dire le paradigme que nous quittons, c'est de s'être fondée sur une religion du *progrès* et de la *libération* par la *rationalité*. Chacun de ces trois mots mérite quelque rappel...

Progrès...

La croyance en le progrès naît avec la Renaissance. L'humanisme veut libérer l'homme des tutelles ecclésiales et de l'obsession du Salut qui caractérisa toute la féodalité, notamment au travers des Croisades contre les Arabes et de l'Inquisition contre les autres. Galilée, puis Descartes et Newton déclenchent l'idée d'une conquête de la Nature par l'intelligence rationnelle et la pensée analytique, réductionniste et quantitative. Cette conquête mesurable prit, peu à peu, le nom de « progrès ».

Libération...

L'homme, aux yeux des humanistes, est prisonnier du monde qui l'entoure. Son âme est prisonnière des dogmes de la Religion. Son esprit est prisonnier du pouvoir des Maîtres. Son cœur est prisonnier des passions du Monde. Son corps est prisonnier des lois de la Nature. Libérer l'homme passe donc par la destruction, autant que faire se peut, de ces prisons, respectivement par la pensée libre, la parole libre, la moralité libre et la science libre.

Rationalité...

Face à ces prisons qu'il convient, sinon de détruire, du moins d'atténuer, l'arme essentielle était censée être la Raison. La raison raisonnante qui, par sa puissance analytique et logique, peut déconstruire les dogmes, les injustices, les passions et l'inéluctabilité des lois naturelles. Aux illuminations intuitives du passé, il fallait substituer les lumières froides et placides du raisonnement rigoureux.

Cette Modernité qui s'effondre déjà, pour qui sait ouvrir les yeux et cultiver la lucidité, subit quatre ruptures majeures, toutes irréversibles. Chacune de ces ruptures appelle une réponse qui deviendra un des piliers du nouveau paradigme émergent. Les quatre chapitres qui suivent étudieront ces ruptures une à une.

Mais il faut en comprendre l'énorme enjeu : pour la première fois, sans doute, dans toute l'histoire humaine, notre époque se pose face à un dilemme crucial : ou bien nous mutons, ou bien nous mourons.

Freud nous dirait que nous avons, face à nous, le principe de plaisir qui consiste à continuer la politique de l'autruche et à refuser la fin d'une histoire et la fin d'un monde, et le principe de réalité qui nous pousse à franchir le seuil et à entrer dans de nouvelles logiques de vie.

En son temps, Hans Jonas, dans son *Principe responsabilité*, avait émis les plus énormes réserves sur les capacités des masses à accéder au niveau de conscience suffisant pour accepter de sortir volontairement de la douce moiteur d'un confort hors de prix et de changer leurs modes de vie. Il en avait conclu que la démocratie, qui est la tyrannie des masses et de leurs démagogues, était incapable de réussir à sauver la Terre et l'humanité.

Peut-on croire à un saut massif de conscience, tout d'un bloc ? J'en doute. Jean Monnet avait parfaitement résumé la situation, en écrivant : « Les hommes n'acceptent le changement que dans la nécessité et ils ne voient la nécessité que dans la crise. » À cela j'ajouterais : et ils ne comprennent la crise que dans la douleur...

Ce saut de conscience est pourtant vital. Et ne survivront aux épreuves qui nous attendent que ceux qui auront vécu ce saut de conscience au plus profond de leur vie.

Il n'y a donc qu'une seule issue : faire se propager ce saut de conscience par contagion, de proche en proche, par l'exemple de la joie et de la frugalité.

Chacun est le centre de *son* monde et chaque monde est connexe aux autres mondes et aux mondes des autres.

La prolifération de cette indispensable prise de conscience ne peut passer que comme cela : chacun peut et doit devenir un centre de la Conscience !

Rupture écologique (une logique généralisée de pénurie)

Une rupture écologique : le principe général...

Jusqu'à la révolution industrielle du XIXe siècle, lorsqu'il n'y avait encore qu'un milliard d'humains sur Terre, les activités humaines n'étaient que négligeables face à la biosphère qui parvenait, sans trop de problèmes, à renouveler les ressources naturelles consommées par l'homme et à se régénérer malgré ses bêtises locales.

Mais la démographie s'est mise à galoper... 1900 : 1,7 milliard, 2000 : 6 milliards, 2013 : 7,5 milliards, 2050 : 10 milliards. Cette affolante exponentielle dépasse, et de loin, les capacités de régénérescence de la Terre qui, tous calculs faits, ne peut porter durablement qu'entre un milliard et un milliard et demi d'humains. Aujourd'hui, nous sommes déjà six milliards de trop et nous avons consommé 80 % des ressources naturelles non renouvelables que la Terre avait mis des centaines de millions d'années à accumuler dans ses flancs. Depuis le début des années 2000, nous avons franchi le point de non-retour et nous sommes entrés dans une logique définitive de pénurie sur toutes les ressources naturelles essentielles (eau douce, énergie, terre arable, métaux et terres rares, métaux non ferreux, etc.).

Cette logique pénurique nous impose, sans discussion possible, si l'humanité veut survivre au-delà des deux ou trois générations qui viennent, à une double décroissance : une décroissance économique et une décroissance démographique. Les deux vont de pair. Un effort dans une direction est vain sans effort dans l'autre. Démographiquement, la fécondité nette doit descendre en dessous d'un enfant par couple pendant au moins trois générations pour réduire la population mondiale au huitième de ce qu'elle sera, et redescendre aux alentours d'un milliard d'humains. Économiquement, la frugalité doit devenir le maître mot de tous nos comportements : faire beaucoup mieux avec beaucoup moins, se limiter à l'essentiel et à l'indispensable, et renoncer à tous les superflus, à tous les accessoires.

Quelques éclairages particuliers...

La problématique alimentaire...

Le stock mondial de terres arables est limité. De plus, la désertification – donc la réduction de la superficie arable – augmente très rapidement du double fait des dérèglements climatiques liés *aussi* aux activités humaines, et des pratiques de l'agriculture intensive dont les ravages commencent à prendre une ampleur monstrueuse partout, et aux États-Unis notamment. Enfin, les sols, partout, s'appauvrissent tellement que, dans un terrible cercle vicieux, seuls les engrais chimiques permettent d'y faire pousser quoi que ce soit.

Si l'on ajoute à cela que les habitudes alimentaires sont en train de changer, partout dans le monde : des milliards de gens, naguère, se nourrissaient quasi exclusivement de céréales (blé, riz, mil) mais, aujourd'hui, du fait de la croissance des pouvoirs d'achat, mangent quotidiennement de la viande. Or, il faut dix-sept fois plus de surface arable au sol pour produire un kilo de viande que pour produire un kilo de céréales. Si tout le monde se mettait à manger de la viande comme un Américain, il faudrait huit ou neuf Terres pour nourrir l'humanité.

Et la solution n'est ni dans les océans sauvages, ni dans l'aquaculture. Les prélèvements de poissons sauvages, malgré les réglementations, sont beaucoup trop élevés en regard des taux de reproduction des espèces, et l'usage de chaluts industriels de fond ravage l'écologie marine et tue, massivement, faune et flore à grande échelle. Quant à l'aquaculture, elle suit l'histoire des élevages industriels terrestres : productivité et rentabilité priment sur la qualité et la santé. Les maladies se propagent à vive allure, l'usage d'antibiotiques est massif et les espèces sauvages (le saumon, par exemple) sont contaminées – sans recours possible aux antibiotiques – par les espèces domestiquées (il y a toujours quelques spécimens qui s'échappent et qui rejoignent leurs congénères sains – rappelons l'histoire des écrevisses morvandelles.

Manger, partout, beaucoup moins de tout et beaucoup beaucoup moins de viandes et poissons est la seule issue.

La problématique de l'énergie : de fausses solutions...

On a déjà dit, plus haut, ce qu'il fallait penser de l'absurde préconisation de la généralisation des biocarburants. N'y revenons plus.

Favoriser la voiture électrique pour économiser le pétrole lorsque l'on sait que l'électricité est produite par des centrales qui tournent en brûlant des énergies fossiles (gaz, charbon, uranium) avec des rendements variables, c'est tomber de Charybde en Scylla.

Financer à coups de subsides publics l'installation de méga-éoliennes et de milliers de mètres carrés de panneaux photovoltaïques dont le bilan global est négatif (ces engins produisent, tout au long de leur vie, moins d'énergie utilisable qu'il ne faut en consommer pour les fabriquer, les entretenir, les réparer, les démanteler et les recycler) est une gabegie honteuse.

De plus, ces mêmes panneaux photovoltaïques, pour être rentables, doivent pouvoir revendre leurs surplus de production d'électricité aux réseaux publics qui n'en ont nul besoin à ces moments-là (en pleine journée, l'été) et qui doivent donc les évacuer en pure perte ou les écouler à vil prix (à qui ?). En effet, inscrivez : « pas de chance », les lois de la physique font que l'électricité, surtout alternative, ne peut pas se stocker (peut-on stocker du vent, des vagues, des tourbillons fluviaux ?).

Le problème de l'énergie n'a qu'une solution : consommer beaucoup moins ! Tout le reste est bavardage et gesticulation.

La problématique du travail : les grands bouleversements...

Les coûts de l'énergie vont flamber de plus belle dans les dix ans qui viennent, pénurie oblige. Le coût des navettes de millions de gens entre domicile et lieu de travail deviendra vite prohibitif – sans compter fatigue, stress, ennui, danger, etc. Que de temps et d'énergie humaine perdus !

Or, 73 % des Européens salariés travaillent exclusivement sur des flux d'informations, à partir du même équipement informatique que celui dont ils disposent chez eux, à la maison. Il ne faut, dès lors, pas être grand clerc pour deviner que le télétravail et le travail à domicile (pour 60 % du temps de prestation) deviendront la règle générale. Quel bond dans le bon sens en ce qui concerne l'empreinte-carbone ! Quel immense gain de temps ! Et que de stress et de fatigue évités ! Quel gain pour les activités non professionnelles, celles de la famille, de la communauté, des loisirs, de la cuisine et des repas, des jeux et des apprentissages !

Mais, bien sûr, il y a un prix à payer. Trois, même.

Le premier est de refondre totalement l'organisation des entreprises pour pouvoir fonctionner, ainsi, en réseaux d'îlots distants d'activité. Le problème est connu et les solutions sont claires. Mais il faut oser franchir le pas et renoncer, entre autres, au principe hiérarchique et aux organisations pyramidales, aux planifications simplistes et aux horaires fixes de travail.

Le deuxième prix à payer est l'effondrement des loyers et prix de l'immobilier de bureau (ce qui est tout bénéfice pour les entreprises). Des millions de mètres carrés deviendront inutiles dans toutes les grandes et petites villes. Avec toutes les conséquences que l'on devine sur la valeur des actifs immobiliers, notamment des banques et des compagnies d'assurance (qui, bien entendu, feront tout pour freiner et saboter le passage inéluctable au télétravail généralisé).

Le troisième prix à payer sera de renoncer à ce pilier du droit social et de la juridicisation du travail qu'est le contrat d'emploi salarié. Nous l'avons déjà évoqué, n'y revenons pas, mais rappelons seulement que le salariat est appelé à quasi disparaître au profit de logiques de partenariats et de néo-artisanats toutes construites sur l'autonomie professionnelle de chacun et les responsabilités et responsabilisations que cela implique.

Rupture technologique (la révolution numérique)

Une rupture technologique : le principe général...

La révolution numérique, en permettant la connexion de tous avec tous, tout le temps, et en centuplant l'intensité et la fréquence de tous les flux, a définitivement transformé nos manières de vivre, exactement comme le passage néolithique du chasseur-cueilleur à l'éleveur-agriculteur a bouleversé toute l'éthologie humaine. Pour le dire d'un mot, ce saut technologique a induit un énorme saut de complexité. Toutes les organisations humaines doivent répondre à ce saut, à cette accélération drastique de tous les temps de vie. Cela implique l'abandon de tous nos anciens modèles organisationnels construits sur cette pyramide hiérarchique, trop lente, trop lourde, trop rigide pour faire face aux déferlantes informationnelles et événementielles. Cela implique une réorganisation de tout, sur le modèle du réseau, c'est-à-dire d'une mosaïque de petites communautés autonomes en interactions fortes entre elles, et fédérées par un projet global... Cela est vrai pour les communautés de travail (les entreprises qui passeront majoritairement au télétravail), comme cela est vrai pour les communautés de vie et les communautés citoyennes. L'État central national est mort et disparaîtra ; les centres de pouvoir, tant économiques que politiques, académiques ou médiatiques, seront locaux, dans une logique de proximité.

Quelques éclairages particuliers...

Michel Serres dit souvent que, pour lui, il y a eu trois grands sauts dans l'histoire profonde de l'humanité. Le saut de l'oral à l'écrit, il y a quatre mille ans. Le saut de l'écrit à l'imprimé, il y a cinq cent cinquante ans (en Europe, mais bien avant en Chine). Et le saut de l'imprimé au numérique, il y a trente ans (j'associe ce saut à la commercialisation à grande échelle des ordinateurs personnels en 1983, mais on pourrait aussi bien l'associer à l'invention européenne, par les physiciens du CERN de Genève, de la Toile par la rencontre géniale entre le protocole américain Internet et le lien hypertexte inventé en Angleterre).

Remarquons que l'accélération est exponentielle.

À chaque fois, la nature et la structure de la mémoire sont bouleversées. Au temps de l'oralité, la seule mémoire était neuronale. Socrate, encore au IVe siècle avant l'ère commune, pestait contre l'écrit, arguant que celui-ci implique le dessèchement du cerveau du fait de l'inoccupation de la mémoire. Il est vrai que Socrate n'était pas prospectiviste...

Lorsque l'imprimé jaillit, l'écrit, le livre essentiellement, se libéralisa et se démocratisa peu à peu. La mémoire migra encore plus vers les grandes bibliothèques, mais elle devait encore être vive en l'homme pour retrouver le texte ou le passage recherché. Avec le saut vers le numérique et les puissants moteurs de recherche qui l'accompagne, même cette mémoire de répertoire n'est plus nécessaire. Il est d'ailleurs frappant de constater que la lecture d'un livre et la consultation d'un écran d'ordinateur n'excitent pas les mêmes zones du cerveau.

La mémoire humaine neuronale va donc migrer encore une fois et passer de la mémorisation de faits, de savoirs, de formules (Marignan 1515, par exemple) à la mémorisation de langages, protocoles et méthodes d'accès aux faits, savoirs et formules. Autrement dit, le problème n'est plus de savoir que la bataille de Marignan (Italie du Nord), eut lieu en 1515 entre les armées mercenaires de François Ier et celles du duché de Milan (16 000 morts durant les seize heures de ce combat qui fut la première victoire militaire du jeune roi François)... mais de connaître deux choses : pourquoi s'intéresser à l'histoire, en général, et à la guerre d'Italie, en particulier... et comment accéder aux informations pertinentes et exactes concernant cette problématique ?

On comprendra que, pédagogiquement, on ne parle plus du tout de la même chose et que l'école et l'université de demain seront tout sauf ce qu'elles sont aujourd'hui.

La grande révolution numérique pose, en parallèle avec notre univers réel et matériel, des univers immatériels (toujours) et virtuels (parfois). La différence entre immatériel et virtuel mérite un mot d'éclaircissement.

Est immatériel ce qui est purement de l'ordre de l'information, c'est-à-dire, pour faire simple, de séries, souvent immenses, de 0 et de 1 disposés en bel ordre sur un support le plus souvent magnétique. Ce peut représenter un texte, une image, un son, voire tout autre médium que l'on pourrait utiliser pour penser, créer ou communiquer.

Mais, parmi les objets immatériels (un texte ou un film, par exemple), certains sont réels, c'est-à-dire qu'ils représentent, plus ou moins fidèlement, un objet matériel réel, d'autres sont virtuels, c'est-à-dire qu'ils n'existent nulle part ailleurs que dans l'univers numérique (un avatar inventé de soi, un jeu vidéo, un monde comme feu « Second Life », etc.).

Jusqu'à l'irruption du numérique dans la vie quotidienne, il n'y avait, pour chaque homme, que deux mondes : le monde extérieur des objets, des autres, de la Nature, de l'univers, etc., qui est le monde du « dehors », et le monde intérieur des idées, désirs, phantasmes, rêves, mémoires, sentiments, ressentis, etc., qui est le monde du « dedans ».

Et il n'était déjà pas si facile de concilier ces deux mondes et de les maintenir dans cet équilibre positif que l'on appelle « bonheur ». Mais la révolution numérique bouleverse ce binaire, aussi vieux que l'homme lui-même, en ouvrant la porte à une infinité de mondes virtuels partageables avec d'autres. Anciennement, le seul monde partageable avec l'autre était le monde extérieur du dehors, commun à tous et où l'on pouvait, de temps en temps, injecter quelque chose du « dedans » qui, *ipso facto*, s'objectivait. Mais la Toile, aujourd'hui, permet de partager, anonymement et sans risques ni frais, une infinité de mondes oniriques et virtuels.

Passage du « deux » à l'infini.

Lorsque l'on sait que les maladies que l'on nomme (avec toutes les précautions que Michel Foucault a clairement formulées) troubles mentaux ou psychiatriques naissent presque toutes d'un dysfonctionnement de connexion entre le « dedans » et le « dehors », on comprend que l'explosion du binaire classique en une infinité d'avatars plus « réels » que nature ne peut qu'induire une révision en profondeur des fondamentaux de la psychiatrie.

Qui est qui ? Qui suis-je ? Quelle est mon identité authentique ? Où est la « vraie » vie ? Toutes ces questions deviennent pertinentes et générales.

Autre chose. Je ne suis pas du tout enthousiasmé par la prolifération des réseaux sociaux « grand public » comme Fesse-Bouc, alors que je crois très fort à la prolifération de réseaux sociaux « à projet », électifs et sélectifs, donc semi-fermés. Les réseaux sociaux ouverts, populaciers donc, regorgent de narcissismes et de voyeurismes répugnants. Tout s'y étale (sans rien pouvoir en effacer) et tout s'y mate. On y trouve des montagnes de médiocrité et de vulgarité. Mais pourquoi ce succès, du moins par la quantité de souscripteurs ?

Tout simplement parce que la Toile permet, anonymement et sans frais, mais non sans risques, de se faire exister, de combler son immense vide intérieur, de se montrer sous un jour fabriqué, trafiqué, alambiqué, de croire que l'on peut vivre dans le regard des autres et s'y reconnaître. Immense danger de s'y perdre ou, au moins, d'y perdre ce que l'on est vraiment, d'y égarer son identité authentique...

Rupture économique (la tyrannie des prix bas)

Une rupture économique : le principe général...

Le modèle économique américain, exporté et imposé au monde entier après la seconde guerre mondiale, est construit sur la marchandisation et la financiarisation généralisées. Tout peut s'acheter et se vendre, et tous peuvent spéculer sur tout et n'importe quoi. Logique de la facilité, de l'argent facile à l'école facile, en passant par l'endettement facile et l'appropriation facile. Ce modèle a atteint ses limites en démontrant, en deux décennies, à quel point il est délétère, destructeur de tout, de vie, d'esprit, d'âme et de sens. Ce modèle doit être abandonné de toute urgence car il est fondé sur le double pillage des ressources naturelles et des forces humaines. Cela implique, d'abord, l'éradication impitoyable de toute l'économie spéculative et de la financiarisation du monde. Cela implique, ensuite, un passage radical de la valeur d'échange (prix bas) à la valeur d'usage (utilité durable). Cela implique, enfin, l'abandon du modèle industriel construit sur le gigantisme, la massification et les économies d'échelle, et l'invention d'un modèle néo-artisanal bâti sur la virtuosité, la qualité et la perfection.

Quelques éclairages particuliers...

La notion de valeur, en économie, peut se décliner selon deux axes qui se répondent, à savoir :

– l'axe réalité/virtualité qui mesure le rapport entre valeur d'usage et valeur d'échange. Un produit sera dit totalement virtuel si sa valeur d'usage est nulle (une action boursière, par exemple), et totalement réel si sa valeur d'usage est égale à sa valeur d'échange (lors d'une transaction de troc, par exemple). Plus la valeur du produit est spéculative, plus sa valeur d'échange prend le pas sur sa valeur d'usage ;

– l'axe matérialité/immatérialité qui mesure la quantité d'énergie (au sens thermodynamique général d'énergie, de matière, de travail physique, etc.) dépensée et incluse dans le produit. Un produit sera dit totalement immatériel si la quantité d'énergie thermodynamique dépensée à le produire est nulle (une idée, par exemple), et totalement matériel si l'intelligence y incluse est nulle (un bloc de minerai, par exemple). Plus la valeur d'un produit est noétique, plus sa valeur immatérielle prend le pas sur sa valeur matérielle.

Le continuum du champ économique se subdivise ainsi en quatre quadrants :

– le quadrant « matériel/réel » qui regroupe les produits concrets opératifs (une chaise, par exemple) ;

– le quadrant « matériel/virtuel » qui regroupe les produits concrets spéculatifs (une toile de Van Gogh, par exemple) ;

– le quadrant « immatériel/réel » qui regroupe les produits abstraits opératifs (une théorie du moteur à explosion, par exemple) ;

– le quadrant « immatériel/virtuel » qui regroupe les produits abstraits spéculatifs (une titrisation boursière, par exemple).

La question économique de base est : dans quel quadrant investir (son argent, son temps, son travail, etc.) ?

Deux tendances lourdes aident à répondre à cette question.

La première découle de la logique de dématérialisation générale et indique que la valeur vient de plus en plus de l'immatériel, c'est-à-dire de l'intelligence que l'on inscrit dans les produits. Même concernant les produits manufacturés, ce n'est plus un objet que l'on achète, mais la matière grise que l'on y a injectée (astuce, design, qualité, normes, sécurité, etc.).

La seconde découle de la logique de pénurie générale et indique que la valeur vient de plus en plus de la réalité, c'est-à-dire de la valeur d'usage des produits (utilité, utilisabilité, employabilité, etc.).

Les deux logiques évoquées de dématérialisation et de pénurie se renforçant l'une l'autre (plus l'énergie est chère, plus la valeur vient de la néguentropie, donc de l'intelligence, de la « forme », etc.), il n'est pas difficile de prévoir un déplacement massif de l'économie vers le quadrant « immatériel/réel », celui de l'intelligence utile (à ne pas réduire à la seule intelligence pratique et utilitaire ; une théorie de physique fondamentale est « utile » même si elle est terriblement abstraite et très indirectement utilitaire).

Le quadrant industriel classique (matériel/réel) est celui de l'économie de masse et deviendra singulièrement périphérique et marginal, rempli de produits nécessitant de très gros volumes (des « commodités », en somme) et générant de très faibles marges. C'est là qu'il faut s'attendre à voir se poursuivre la vague des mégafusions (Mittal, par exemple).

Les deux quadrants spéculatifs, quant à eux, sont appelés à se rétrécir comme peau de chagrin. À une extrémité, les marchés boursiers vont fondre suite à l'explosion des bulles spéculatives successives qui décrédibiliseront enfin le mythe de l'argent facile et des paris artificiels sur un avenir de plus en plus incertain et improbable. À l'autre extrémité, les marchés de l'art ne concerneront qu'une frange de plus en plus ténue de nantis totalement marginalisés.

Pour le dire d'un mot : l'économie se recentrera sur la notion de « travail » (surtout intellectuel et mental), qui sera la source sinon unique, du moins dominante, de la valeur.

Cette évolution marque le passage d'une économie de la possession à une économie de la création, d'une société de consommation à une société de participation.

Le résultat du processus n'est plus qu'une conséquence du processus lui-même dont la finalité est sa propre perfection, sa propre adéquation, son propre accomplissement.

L'économie qui accompagne le processus se substitue peu à peu à l'économie qui ne s'intéressait qu'au résultat. Le capitalisme entrepreneurial se substitue donc au capitalisme spéculatif.

L'idée centrale est celle-ci : ne plus investir dans d'éventuels résultats futurs, mais s'investir dans des intelligences actuelles à l'œuvre.

Rupture philosophique (une révolution spirituelle sans Dieu)

Et une rupture philosophique : le principe général...

Après avoir cru que son bonheur lui viendrait de la religion, de l'État, des idéologies, des techniques et de l'hyperconsommation, l'homme d'aujourd'hui commence enfin à comprendre que le bonheur ne vient jamais de l'extérieur et qu'il se construit de l'intérieur. La joie de vivre est un état d'esprit, une volonté active, une attitude permanente.

Le plaisir se prend. Le bonheur se reçoit. Mais la joie se construit.

Il ne faut plus rien attendre du monde qui nous entoure : il n'y a rien à recevoir. Le secret de la joie de vivre est simple, depuis que Spinoza l'a définitivement éclairci : la joie est la conséquence de l'accomplissement de soi, de la réalisation de tous ses possibles intérieurs, de l'exploitation de tous ses talents, de tous ses potentiels. Et, en nous accomplissant « du dedans », nous rayonnons et nous facilitons l'accomplissement et la joie de ceux qui nous entourent, comme par contagion. Ce ne sont pas les autres qui nous rendent heureux, c'est nous qui les rendons joyeux.

Le monde réel est là, donné, ouvert, offert. Il est un immense champ de possibles, structuré autour d'un champ de contraintes et d'impossibles. Nier ces contraintes et ces impossibles, et fuir le réel dans des utopies ou des idéologies, bref dans des idéalismes, est catastrophique pour tous et pour chacun. La joie de vivre passe par l'assomption jubilatoire du réel de tous et du destin de soi (le destin propre de chacun est de s'accomplir en plénitude, tel que l'on est, avec ce que l'on a).

Macroscopiquement, cela signifie qu'est en train de se produire un passage des religions dualistes et idéalistes du progrès et de la libération à des spiritualités monistes et réalistes de la joie et du bonheur...

Quelques éclairages particuliers...

La Joie est infiniment au-delà de tout plaisir, de toute jouissance, de toute allégresse. Elle imprègne la totalité de notre être, dans toutes ses dimensions, comme une chaleur ou une lumière qui irradie tout. Elle est plénitude de Vie, signe de notre reliance et résonance profonde, à ces moments-là, avec la Vie et le Réel qu'elle anime.

La joyeuseté innocente de l'enfant n'est pas la Joie profonde. Comme ne l'est pas le bonheur des imbéciles qui n'est que satiété ou torpeur molle.

Car la Joie est vivante, vivace, fugitive, éclatante, ébouriffante. Elle n'a rien d'un sentiment bourgeois repu. Tout au contraire, elle est faim et soif de Vie et de Réel. Insatiable.

La Joie est une jubilation intégrale, une extase naturelle immense.

La Joie est là, présente dans chaque ici-et-maintenant, latente.

Si on l'y cherche, elle se cache plus encore. Il faut l'accueillir sans la cueillir.

Elle se révèle spontanément, nue, offerte, à qui sait l'accueillir sans la forcer.

Laisser la Joie venir. Se rendre disponible pour elle. Voilà tout le secret.

Non pas la chercher, mais la désirer tendrement.

Fermer les yeux – ou les ouvrir, peu importe – et la laisser monter, naturellement, dans sa spontanéité tranquille.

La joie est ici et maintenant, dans la rencontre de l'intention qui vient de la source par le chemin du dedans, et de la situation qui vient aussi de la source, mais par le chemin du dehors. Ne plus jamais avoir de buts ou d'objectifs dans l'existence. Seulement, à chaque instant, forger l'intention d'y accomplir tout l'accomplissable et d'en tirer toute la joie.

*

Cette dernière idée est essentielle :

« Ne plus jamais avoir de buts ou d'objectifs dans l'existence. Seulement, à chaque instant, forger l'intention d'y accomplir tout l'accomplissable... »

La vie réelle est peu planifiable. Elle le devient même de moins en moins. Plus la complexité du monde grandit, moins elle l'est.

La grande rupture du rapport au temps, à l'existence, à la vie, passe par là : l'inanité grandissante de la notion d'objectif.

Toute notre civilisation rationnelle occidentale est basée sur elle, et voilà qu'elle s'effondre. L'homme occidental, au contraire de son cousin oriental, a toujours voulu dompter le temps, domestiquer la durée. La blague est éculée, mais elle parle : « Vous, vous avez l'horloge ; nous, nous avons le temps. »

Time is money, affirme le crétinisme américain. « Le temps c'est de l'argent », répète, par psittacisme, le gogo européen. Il ne s'agit pas de renier la notion d'efficacité. Il s'agit de la redéfinir. L'aune de la réussite n'est pas la quantité de temps utilisée, mais la qualité de joie atteinte.

Et la joie ne naît pas des objectifs atteints qui ne sont que des étapes intermédiaires au long de l'interminable chapelet des litanies planificatrices. Chaque objectif atteint devient le point de départ vers le suivant. Lors de mon entraînement de commando, on nous disait que pour tenir le coup, contre la fatigue, ou la douleur, ou la soif, qu'importe, il ne fallait pas penser au long trajet qu'il restait à faire, mais bien se donner des objectifs visibles, accessibles : cet arbre-ci, puis ce rocher-là, puis, encore, ce pylône, là-bas, etc., de proche en proche.

La méthode est bonne pour faire avancer, mais pas pour réussir sa vie. Qu'y aura-t-il au bout des quarante kilomètres ? Une caserne, une chambrée, des crampes, la soupe ou le rata... et on remettra ça demain.

Les jeunes générations montantes – et bien des sages depuis longtemps – commencent à comprendre en quoi consiste l'incroyable manipulation existentielle contenue dans la notion d'objectif à atteindre. Ils ne veulent plus du plaisir d'atteindre un objectif imposé ou négocié. Ce plaisir-là est aussi vain qu'éphémère – comme tous les plaisirs, d'ailleurs. Il leur faut autre chose, de plus consistant : la joie.

Mais la joie de quoi ? La joie de vivre chaque instant en plénitude, la joie d'accomplir, ici et maintenant, tout l'accomplissable en soi et autour de soi.

À ce moment-là, la notion d'objectif s'évanouit et apparaît celle d'intention. Il ne s'agit plus d'atteindre ceci ou cela – pure projection ou phantasme dans une durée que l'on ne maîtrise pas, dans un monde incontrôlable, incertain et imprévisible –, il s'agit de se définir une discipline de vie, ici et maintenant. Il ne s'agit plus de se fixer l'objectif d'atteindre, une fois au moins dans sa vie, le haut du mont Blanc ; il s'agit de décider que l'on ne prendra, à chaque bifurcation, que des chemins qui montent.

L'objectif que l'on se fixe est un point dans l'espace-temps. L'intention que l'on cultive est un état d'esprit, une manière d'être, un art de vivre !

La décroissance :
la grande logique de l'après-modernité

Le mot fait peur. Il sonne dur. Il n'est pas politiquement correct. À preuve, on lui préfère l'euphémisme ridicule de « croissance négative ». Je me souviens avoir même lu, à la une d'un grand quotidien : « Peu importe qu'elle soit négative, pourvu qu'on ait la croissance ».

Il y a, parfois, comme ça, des moments de grand désespoir.

Récapitulons : le stock total des ressources est limité et il s'épuise rapidement. Son taux de renouvellement ou de reconstitution est largement inférieur au taux de prélèvement.

Pour que l'humanité survive, il est incontournable qu'elle renonce à la logique suicidaire qui est la sienne (et qui ressemble à celle de ce personnage qui se jette dans le vide du haut du cinquantième étage d'un gratte-ciel et qui, à chaque étage, hurle en riant : « Jusqu'ici, tout va bien »).

Il n'y a qu'une seule solution. Diminuer drastiquement le prélèvement total de ressources.

Ce prélèvement est proportionnel à deux facteurs : le nombre d'humains sur Terre et la consommation moyenne par humain. Il est donc vital que ces deux facteurs diminuent et qu'ils diminuent vite !

Décroissance démographique, donc, pour diminuer le nombre global d'humains sur Terre.

Décroissance économique, donc, pour diminuer la consommation moyenne par humain.

Il n'y a ni échappatoire, ni tergiversation possible. Et le temps presse. Il y a urgence. Il ne reste que quelques décennies de stock. Un siècle tout au plus.

Des chiffres ? En gros, il faut redescendre à une population de l'ordre d'un milliard d'humains sur Terre et à une consommation globale moyenne par humain égale à la moitié de la consommation moyenne actuelle d'un Européen moyen (donc le quart de celle d'un Américain moyen).

J'entends, d'ici, le *wouaw* effaré de mon lecteur estomaqué. Et il n'a pas encore lu ceci : nous avons, au maximum, trois générations pour réussir cette décroissance (un petit siècle, donc) et nous y maintenir.

Ce *wouaw* probable me permet d'aller faire un tour du côté de la théorie du deuil d'Élisabeth Kübler-Ross. Cette rescapée juive des camps de concentration nationaux-socialistes émigra aux États-Unis où elle dédia sa vie aux soins palliatifs (dont elle fut l'une des fondatrices).

Elle étudia, avec beaucoup de soin, la réaction des malades à qui l'on apprenait qu'ils n'avaient plus beaucoup de temps à vivre.

Bien que la réalité soit toujours plus complexe et nuancée que tous les modèles, il ressort de ses observations que, face à leur mort, la plupart des humains passent par différents stades.

Élisabeth Kübler-Ross a décrit le processus de « deuil » en cinq stades successifs : le déni, la colère, le marchandage, la dépression et l'acceptation (sublimation).

Ce modèle processuel s'applique parfaitement à la bifurcation civilisationnelle que nous vivons et dont les « crises » ne sont que les manifestations superficielles. Notre problème ? Faire le deuil de la Modernité et du paradigme (et de l'abondance) qui la fonde.

Premier stade : le *déni* refuse la réalité, il tente de nier ou de minimiser la crise, il mendie de la rassurance auprès de chiffres même faux ou d'experts même faussaires, etc.

Deuxième stade : la *colère* accuse et veut des coupables, elle chasse ses sorcières et refuse sa propre responsabilité collective, etc.

Troisième stade : le *marchandage* négocie, troque, échangerait son âme pour un répit, pour un délai, pour un espoir, etc.

Quatrième stade : la *dépression* effondre, assomme, lamine les derniers restes de courage et de dignité, elle avilit et fait sombrer dans la lâcheté, la vilenie et le misérabilisme, etc.

Dernier stade ; l'acceptation (ou la *sublimation*) tourne la page et fait entamer une nouvelle tranche de vie, etc.

Chaque stade (sauf le dernier, cela va de soi) est, en soi, une impasse et requiert son dépassement sous peine de « mort ».

Il faut que l'humanité fasse son deuil de la logique d'abondance et de croissance qui présida aux cent cinquante années de folie que nous venons de vivre. Et ce deuil passe par les cinq stades d'Élisabeth Kübler-Ross.

Le *déni* : non... ce n'est pas vrai... ce ne peut être vrai... les experts sont des ignares... ils n'y connaissent rien... ils se trompent...

La *colère* : ces salauds de baby-boomers sont responsables... ils se sont goinfrés pendant les trente glorieuses... et après, ils ont continué à s'empiffrer à crédit... et, maintenant, c'est à nous de payer (on peut remplacer « baby-boomers » indifféremment par « bourgeois », « Américains », « blancs », « immigrés », « fonctionnaires », etc.).

Le *marchandage* : bon... il faut donc se serrer la ceinture... mais pas tout de suite, tout de suite : d'accord ?... et puis, si on commençait par les autres... ou alors, OK pour le régime, mais progressif... on a le temps, non ?... non ? vraiment ?...

La *dépression* : tout est fichu... tous pourris... on va tous crever (ce qui, objectivement, est vrai, même en période de grande opulence)... ça sert plus à rien... *no future*...

La *sublimation* : continuez à lire ce livre et à le mettre en application dans vos vies quotidiennes !

Aujourd'hui, les humains – et leurs décideurs – se répartissent sur ces cinq stades très diversement et très inégalement.

La grande majorité n'en est qu'au premier stade. Lorsque la colère éclatera, commenceront les crises sociales et politiques majeures. Ensuite, les marchandages induiront des conflits graves, chacun tentant de s'accaparer les lambeaux de stocks restants, et provoqueront l'émiettement du tissu humain. Puis, la dépression conduira à des vagues de suicides et d'attentats, de misères et de mises à sac.

Enfin, s'il reste encore quelque chose de vivant, viendra le temps de la reconstruction. Atteindre ce stade peut prendre beaucoup (trop) de temps et, plus l'on traîne, plus cette reconstruction sera difficile et douloureuse.

Je parlais plus haut de l'impérieuse nécessité d'une prise de conscience massive et profonde, partout dans le monde, dans de très brefs délais. Est-ce raisonnablement envisageable ? Qu'importe la conviction ou l'espérance que l'on porte au fond de soi !

Il n'y a qu'une seule manière d'agir : faire comme si cette prise de conscience était largement improbable et commencer à œuvrer ici et maintenant, chacun chez soi et pour soi, afin d'enclencher, autour de soi, un mouvement de contagion.

Rêvons : supposons que 10 000 personnes lisent ce livre et que la moitié décide d'en appliquer les conséquences à leur vie réelle. Cinq mille centres d'exemplarité fleurissent (en plus de ceux, nombreux, qui existent déjà). Donnons-leur six mois pour atteindre un niveau d'exemplarité suffisant et pour (dé)montrer que moins rime avec mieux et que la joie ne se mesure pas au nombre des produits industriels dans le caddie. Chacun de ces foyers est au centre de son monde et ce monde contient 500 personnes. Et continuons : sur ces 500, 200 emboîtent le pas, etc. Je vous laisse faire les calculs...

L'écologie qui monte : après le pillage, le respect sacré

Descartes, en cela comme en beaucoup, s'était largement trompé en réduisant la Nature à n'être qu'une esclave de l'homme en voie de progrès et de libération. L'esclave a tellement été malmenée, maltraitée, tellement été torturée, pillée, saccagée, blessée, meurtrie... qu'elle en crève ! Même si on la laissait bien tranquille, personne ne sait si elle pourrait se remettre, guérir, soigner ses blessures et recouvrer la bonne santé. Car la Terre, la Nature, la Vie sont gravement malades.

Descartes n'avait pas prévu l'effet désastreux que la surpopulation de notre planète aurait sur elle. Descartes s'en fichait d'ailleurs comme d'une guigne. En fait d'avenir, le seul qui pouvait l'intéresser était *post mortem*, dans le céleste Paradis de son Dieu. La Terre et tout ce qui la peuple n'étaient, à ses yeux, que de minables machines sans intérêt, vouées à mourir et à disparaître, tôt ou tard. N'oublions jamais que Descartes était un soudard, un mercenaire à la solde du plus offrant, un serviteur de la guerre et des champs de bataille. Et c'est à travers ces yeux-là qu'il voyait la Terre, la Nature et la Vie.

Vision de guerre ! Le monde n'est qu'un champ de bataille (le très cartésien Darwin ne dira pas autre chose : *struggle for life*).

Le Christianisme avait diabolisé la Nature, royaume du dieu Pan dont les attributs de bouc furent aussi ceux du Diable chrétien. Le Christianisme n'aime pas la Nature, ni le naturel. Il n'aime pas non plus la Vie, puisque la vraie existence se place dans la mort, au-delà de la Vie, après la vie. Descartes, pour fonder la Modernité, n'eut qu'à suivre ce chemin-là, tout tracé. Car, rappelons-le, la Modernité n'est que le troisième sous-cycle d'un cycle plus long, plus profond encore qui est celui de la chrétienté et qui court depuis 350 (Constantin et Théodose) jusqu'à 2000 environ. Durant ce long cycle paradigmatique, la Nature ne fut regardée que comme une machine sulfureuse à produire du bois, du blé, du vin et du cuissot, comme un vaste champ d'immondes copulations, comme un immense lieu de perdition, de superstition, de paganisme, de sorcellerie. Le Christianisme et la Modernité sont des phénomènes typiquement urbains, ne l'oublions pas. La Nature et la Ville sont ennemies jurées.

Le retour à la Nature signe le déclin de la Ville.

Les mots, pourtant, semblaient si prometteurs : la ville, en latin, c'est *urbs* qui donna urbain et urbanité, ou *civitas* qui donna civil, civilité et civilisation... Les villes, donc, seraient censées être les lieux de l'urbanité, de la civilité et de la civilisation. Par symétrie, la Nature, la campagne, le terroir devraient donc être des lieux de sauvagerie, de barbarie, de rustrerie. N'est-ce pas exactement l'inverse qui peut être constaté après 22 heures dans tous les RER du monde ?

L'homme est le plus peureux des animaux. Dès les origines, il a décrété que la Nature sauvage lui était hostile. Pourtant, tel n'est pas le cas : sauf biotopes extrêmes qu'il suffit d'éviter soigneusement, la plupart des lieux de la Terre sont accueillants et sans danger, les petites bestioles évitent l'humain et les gros bestiaux l'ignorent pour la plupart. Les plantes offrent des nourritures à profusion. Il suffit d'un peu de connaissance par observation patiente pour écarter les mauvais animaux et trouver les bonnes plantes.

L'hostilité de la Nature sauvage est un pur mythe. Et malgré trente mille ans d'accumulation technologique, nous continuons de véhiculer ce mythe absurde. Pourquoi ?

Dès les premières lueurs de l'Histoire humaine, il eût été pertinent de dire « oui » à la Nature. Pourtant, l'homme a choisi de dire « non ». Il avait le choix : il aurait pu s'intégrer au sein de la Nature et y construire sa niche en symbiose avec le reste du vivant. C'était la voie du non-agir de la sagesse taoïste. Mais, par peur sans doute, par manque de confiance en soi, par aveuglement volontaire, par orgueil peut-être, l'homme a préféré la voie de la dominance, la voie de la conquête, la voie de la violence et de l'accaparement.

L'homme aurait pu choisir de vivre *dans* la Nature, *avec* la Nature ; il a choisi, presque partout, de vivre *contre* la Nature.

Et comme la Nature est immense, pleine de forces étranges et de puissances inconnues, et puisque l'homme se sentait faible, fragile et couard devant elle, il s'inventa des dieux qu'il plaça au-dessus de la Nature, là où lui-même aurait aimé se placer. Et il fit alliance avec ces dieux inventés, à grands coups de sacrifices et d'offrandes, pour subjuguer la Nature et n'en faire plus qu'un réservoir de ressources qu'il s'octroya et qu'il aima à croire infinies. Notre époque sait que ces ressources sont limitées et constate qu'elles sont presque épuisées. De plus, les dieux sont morts puisque devenus inutiles : la science et la technique ont assuré à l'homme plus de maîtrise et de domination que les sacrifices et les offrandes.

Il ne s'agit pas de pleurnicher ici sur un improbable Paradis perdu ou sur une inaudible Parole perdue. Rien n'a été perdu. L'homme n'a jamais réussi sa simple mais difficile insertion dans la Nature. Tout, en ce sens, reste à inventer. Mais il est déjà bien tard.

Il ne s'agit nullement de prôner un quelconque « retour » à la Nature ; il s'agit de se réconcilier avec elle, de sceller une alliance urgente et nouvelle entre l'homme, la Nature et Dieu, c'est-à-dire d'affirmer l'unité foncière et irréfragable de tout ce qui existe au sein de la grande triade taoïste du Ciel, de la Terre et de l'Homme.

L'humain doit d'urgence renoncer à son orgueil conquérant et opter pour la simplicité, dans tous les sens de ce mot. Il doit, en tout, adopter la posture minimale dans le monde : prendre le moins de place possible, prélever le moins de ressources possible, abîmer, détruire, tuer et salir le moins possible.

L'homme doit d'urgence renier et dénoncer « ceux qui prennent », « ceux qui veulent contrôler », ainsi que les nomme le personnage central (Anthony Hopkins) du film *Instinct*.

Le mot-clé de l'avenir est « symbiose », l'art de vivre avec le monde vivant et non contre lui. Il convient d'abolir l'hégémonie étouffante du concept darwinien de la lutte pour la vie et de la sélection naturelle du plus apte. La survie des espèces passe aussi par d'autres voies, bien plus nombreuses, bien plus efficaces, bien plus constructives. Ce sont ces voies-là qu'il faut que l'homme explore de toute urgence : les voies de la symbiose.

Cette notion de symbiose (dont l'étymologie indique, tout simplement, l'art de vivre ensemble) va devenir l'enjeu le plus essentiel des décennies qui sont devant nous. Il y a urgence. Réapprendre à vivre en harmonie et en symbiose, avec nous-mêmes, avec les autres et avec la Nature.

Nous devons très vite passer d'une économie de l'overdose, de la névrose et de la nécrose, à une économie de la symbiose. Il faut que cessent tous les pillages. Il faut que s'instaure une éthique du respect : respect de soi, d'abord, respect des autres, ensuite, respect de la Nature, enfin et surtout.

Et n'ayons pas peur des mots, même s'ils sont dits désuets ou obsolètes ou surannés : il faut réapprendre le sens du sacré. Le Christianisme et la Modernité ont œuvré à désacraliser le monde réel, l'ici-bas. Max Weber, repris par Marcel Gauchet, dénonça le « désenchantement du monde » c'est-à-dire la désacralisation de tout : de la Terre, de la Nature, de la Vie. À la sacralisation, la Modernité substitua la marchandisation.

Rien n'est sacré puisque tout est à vendre ! Nietzsche, pourtant, avait prévenu : « Tout ce qui a un prix n'a pas de valeur. »

Respect de la Nature : la logique de la frugalité

La Nature est notre mère et notre maison. Sans elle, nous mourons. Elle nous nourrit, nous abreuve, nous vêt, nous chauffe, nous procure tous les matériaux. Les gens des villes ont déjà presque oublié que leur pain, leur vin, leur hamburger ont été graines vivantes, vignes vivantes, bœufs vivants. Quoi de plus dramatique que ces jeunes écoliers new-yorkais qui, pour représenter le poisson, dessinent un *fish-stick* ? Quoi de plus navrant que cet enfant d'ici, de 12 ans, qui, dans un grand magasin, ne comprend pas le rapport qu'il y a entre l'œuf de son petit-déjeuner et le poulet de son dîner ? Ahurissant, mais tragiquement vrai.

La Modernité s'est construite sur une erreur immense d'appréciation. Elle a cru, de bonne foi au début, mais de totale mauvaise foi depuis 1950, que la Terre était un réservoir infini de ressources disponibles, accessibles et bon marché. Cette foi a conduit à toutes les conquêtes coloniales et néocoloniales, guerrières et marchandes que l'on sait.

Aujourd'hui, la vérité se montre enfin nue : ces réservoirs sont tous presque vides et ils ne se rempliront plus... ou, à tout le moins, la vitesse de nos prélèvements – démographie oblige – excède, et de loin, la vitesse naturelle de renouvellement. Le déficit est abyssal.

On ne satisfait pas les besoins et les caprices de presque huit milliards d'humains avec le seul air du temps. Il faut cesser de se leurrer et de se raconter des histoires à dormir debout comme le gaz de schiste ou les biocarburants ou les éoliennes en mer ou les kilomètres carrés de panneaux photovoltaïques couvrant les déserts. Dans toutes ces « jules-verneries », on oublie la moitié de l'équation : leurs coûts en matières, en énergies, en dégâts, en nuisances, en pollutions. Moins il y aura de ressources facilement accessibles, plus difficile, désastreux, destructeur et coûteux il sera d'aller chercher les ressources rares, disséminées, diluées ou enfouies qui resteront encore au fond de la cuve.

Moralité : frugalité !

Face à une situation irréversiblement pénurique et à une démographie encore malheureusement croissante (exponentiellement croissante), il n'y a qu'une seule attitude possible : la frugalité (cf. *Le Principe Frugalité*, Marc Halévy, Dangles, 2010).

Malicieusement, j'écrivais : « Moralité : frugalité ! » Il ne s'agit pas seulement de la morale d'une fable d'Ésope ou du bon Jean de La Fontaine, mais il s'agit aussi d'une morale de moraliste. Toute non-frugalité doit être vue comme immorale ! Toute ressource mal utilisée lèse l'avenir. Le mésusage des ressources est un crime. Un crime contre l'humanité à venir.

C'est cela qu'Hans Jonas nous apprenait dans son *Principe Responsabilité* : nous sommes tous responsables de tout l'avenir de toute l'humanité. Nous ne sommes pas seulement responsables des conséquences immédiates de nos actes ; nous sommes aussi responsables de leurs conséquences différées, lointaines, futures.

Mais qu'est-ce que la frugalité ? Ce n'est pas l'apologie de l'anorexie, comme j'ai coutume de le dire. Ce n'est pas l'apologie de la restriction de tout, de l'abstinence de tout, de l'austérité sévère et stricte en tout. Mais il s'agit bien d'une discipline de vie.

Elle tient en une seule phrase : en tout, faire beaucoup mieux avec beaucoup moins.

Ce slogan prend tournure pratique dès lors qu'on le transforme un peu : en tout, extraire beaucoup plus de joie en ne consommant presque rien.

Et ce « en tout », ne concerne pas seulement nos activités et consommations matérielles qu'il désigne, bien évidemment, au premier chef.

Il concerne aussi nos rapports aux autres, à la Nature, au temps. Le principe de frugalité introduit dans nos vies la joie de la parcimonie, de la sobriété, de la simplicité (cf. *Simplicité et minimalisme*, Marc Halévy, Dangles, 2011).

Il ne s'agit pas seulement de ne rien gaspiller. Il s'agit surtout de ne rien faire, de ne rien acquérir qui ne soit, à la fois, absolument nécessaire et de grande qualité.

Car, on le sent déjà, le principe de frugalité fait passer du registre de la quantité (consommer beaucoup de tout parce que les marchands de bonheur nous disent que c'est bien pour nous) au registre de la qualité. Faire beaucoup mieux (qualitatif) avec beaucoup moins (quantitatif).

Le principe de frugalité vise la qualité de la vie, en tout, dans toutes ses dimensions professionnelle, ludique, sociale, spirituelle, intellectuelle, culturelle, amoureuse, familiale. Chaque instant de vie est trop précieux pour le gaspiller en fariboles, en « distractions », en bonheurs artificiels, en plaisirs de pacotille.

Il faut prendre la vie très au sérieux et en extraire la substantifique moelle, la substantifique joie profonde. Les marchands de bonheur sont tous des menteurs, des bonimenteurs. Il ne faut plus les écouter ; nous y reviendrons au paragraphe qui suit.

Notre vie est trop précieuse pour déléguer à d'autres le soin de l'aménager, de la structurer, de l'organiser, de la remplir de leurs boues et de nous y asservir.

Ce passage massif, fondamental, foncier du quantitatif au qualitatif est au cœur même de la mutation actuelle du paradigme socioéconomique.

Pour le dire d'un mot, il implique une décroissance quantitative et un développement qualitatif. Moins, mais mieux !

Oui, le mot est lâché et politiquement incorrect : décroissance. Oui, il s'agit bien de décroissance, tant démographique qu'économique. Beaucoup moins d'humains et beaucoup moins de consommation matérielle par humain.

Tout doit être réinventé en ce sens. Et là, il y a du boulot pour les talentueux, pour les intelligents, pour les imaginatifs, pour les petits malins.

Car, on l'a compris, le basculement du quantitatif au qualitatif induit, évidemment, un autre basculement concomitant du matériel à l'immatériel (on y reviendra aussi plus loin).

Le but de la vie n'est plus de s'empiffrer, mais bien de jubiler. Et la jubilation est affaire immatérielle, est affaire de regard sur la vie et le monde, d'état d'esprit, de volonté intérieure et pas de consommation effrénée.

En passant à une logique de décroissance matérielle et à une logique de développement existentiel, nos prélèvements dans la Nature diminueront drastiquement – et tant pis pour les marchands d'endettements et les marchands de bonheurs artificiels... mais, peut-être sont-ce les mêmes ? La Nature pourra être resacralisée. Elle pourra redevenir ce lieu de joie intense qu'elle n'aurait jamais dû cesser d'être.

L'homme pourra enfin se réconcilier avec sa Mère, l'honorer, la cajoler... et s'y réenchanter.

Et les économistes de hurler : « Décroissance ? Mais vous n'y pensez pas ! La croissance est indispensable ! » Ah oui ? Indispensable à qui, à quoi ?

Indispensable aux marchands d'endettements et de bonheurs artificiels, cela, je l'entends bien et me réjouis jusqu'au fond de l'âme de l'arrivée de la décroissance qui sera surtout leur décroissance. Mais sinon : indispensable à qui ?

Indispensable aux pauvres bougres (et il y en a malheureusement beaucoup) qui croient encore que leur bonheur est directement proportionnel au volume de leur caddie de grande surface ? C'est leur rendre service que de leur montrer la vie autrement.

Indispensable aux entrepreneurs ? Non, dès lors qu'ils auront compris deux choses : que le champ immatériel du développement existentiel est un champ infini pour des entreprises nouvelles à créer d'urgence, et que ce n'est pas la taille de l'entreprise qui fait la joie de son patron, tout au contraire : plus il y a de salariés, plus il y a d'emm...rdements.

Au marché de l'emploi ? Oui, c'est sûr, il y aura moins de travail. Mais il faudra aussi moins travailler puisque chacun dépensera beaucoup moins. Dominique Loreau, dans son joli livre *L'Art de la simplicité* (Éd. Robert Laffont, 2005), a calculé que le temps de travail qui lui fut nécessaire pour accumuler, dans son appartement, les tonnes de choses inutiles dont nous nous encombrons tous équivaut à un mi-temps. À bon entendeur...

L'équation de la frugalité devient alors :

Décroissance matérielle = décroissance du temps de travail = décroissance de la taille des entreprises (mais pas de leur rentabilité) = décroissance des prélèvements dans la nature et des pollutions = décroissance de l'ennui et des soucis.

Qui dit mieux ?

Respect de l'Homme : la logique de l'intériorité

Les Humanistes, en fondant, sans trop le savoir, ce qui allait devenir la Modernité, commençaient déjà à inventer une autre notion qui, surtout à la fin du XVIIIe siècle, allait être appelée à un gros succès de foule : le bonheur.

Le 15 ventôse an II (3 mars 1794), Louis Antoine Léon Saint-Just, né de Saint-Just, représentant du Comité de salut public, se rend à la Convention nationale afin de soumettre à cette dernière le texte d'un décret formulé à l'encontre des ennemis de la Révolution. Lors de la présentation du « mode d'exécution » de ce décret, il développe une vision grandiose du but que la Révolution doit atteindre et il conclut lapidairement son propos par la formule qui est entrée dans l'histoire : « Le bonheur est une idée neuve en Europe. »

Cette idée, contrairement à ce que Saint-Just et ses amis jacobins croyaient, n'était pas neuve. L'Église parlait depuis longtemps de béatitude éternelle. Et Henri IV, pragmatique, parla de poule au pot.

Ce qui était neuf, en revanche, c'est la volonté politique de *faire* le bonheur des gens. Le bonheur était devenu une denrée dont la fourniture était dévolue, selon les écoles, à l'Église, à l'État, à la Technologie, aux Marchés, à l'Art, aux Spectacles, au Tourisme... au LSD.

La profession de marchand de bonheur était lancée. Elle sera au centre du système socioéconomique moderne, surtout sur son déclin, dès après la « Grande Guerre ». Le XXe siècle et notre époque ne sont que cela : la mise en place des marchés du bonheur.

Bonheur par l'assistanat, bonheur par la consommation, bonheur par le divertissement, bonheur par toutes les euphories artificielles. *Panem et circenses* ... ! McDo et match de foot.

Mais Nietzsche (1844-1900) avait déjà dénoncé la supercherie de tous les marchands de bonheur. Il avait clairement montré que ces bonheurs de pacotille étaient vendus cher aux gens et que les marchands de bonheur étaient tout sauf désintéressés : en échange de leur faux bonheur de bazar, ils prenaient possession des âmes et des esprits, ils asservissaient leurs proies, ils réduisaient les masses en esclavage. Toute l'histoire du XXe siècle est l'histoire de cet esclavagisme insidieux par un euphorique mélange d'idéologie humaniste et de surconsommation de mauvaise qualité que l'on appela, en droite ligne avec le fil rouge de la Modernité : libération des peuples...

Depuis, peu à peu, l'artificialité de ces bonheurs est dénoncée et les plus sages d'entre nous finissent par redécouvrir une bien vieille vérité que les marchands de bonheur avaient tout fait pour dissimuler : le bonheur ne s'achète jamais, le bonheur ne vient jamais de l'extérieur. Les bonheurs qui viennent de l'extérieur ne sont que des ersatz, ils ne procurent que d'éphémères plaisirs superficiels, mais ils n'apportent aucune joie de vivre. Au contraire : tant l'assistanat que la surconsommation ont un goût amer. Ils dépriment, dévalorisent tout. Ils affadissent la vie.

Car voilà bien le paradoxe de notre époque : la vie facile est amère et sans joie. La joie ne naît que dans le dépassement de soi, dans l'effort. La facilité que les marchands de bonheur nous avaient vantée est destructrice de vie. Ce qui est facile ne vaut rien.

Les enfants nous le démontrent bien souvent : de tous les jouets qu'on leur a achetés à grands frais, celui qu'ils préfèrent est ce bout de carton aux trois ficelles qu'ils ont passé des heures à bricoler. Ils ne l'aiment pas parce qu'il est beau et cher et clinquant ; ils l'aiment parce que leurs petites mains ont eu bien du mal à le fabriquer.

Il en va de même avec le bonheur. Le bonheur préfabriqué, aux emballages rutilants, vendu sous vide ou cellophane, ne vaudra jamais ce petit bout de bonheur fait à la main autour d'un sourire.

C'est pourquoi je pense vraiment qu'il faut laisser là le mot « bonheur » puisqu'il n'entérine que le fait d'avoir du bon heur, c'est-à-dire de la bonne chance (comme le mal heur est le fait d'avoir une mauvaise chance, une malchance). La chance n'a rien à faire là-dedans. Au-delà du bonheur, voire contre lui, je prône la joie. La joie de vivre. Celle que l'on veut. Celle que l'on se construit de l'intérieur.

Et voilà le mot lâché : intériorité ! La joie n'est jamais fournie de l'extérieur. Les marchands de bonheur n'ont plus qu'à rendre leur sale tablier et à aller se rhabiller. La joie se construit de l'intérieur. Elle est une volonté, un état d'esprit, un art de vivre (cf. *Petit traité de Joie de vivre*, Marc Halévy, Dangles, 2012).

La Modernité voulait fabriquer du bonheur. Elle a raté ! Elle n'a fabriqué que de la facilité et de l'esclavage à cette facilité. Aujourd'hui, les élites aristocratiques en prennent conscience mais les masses et leurs élites démagogiques sont encore loin d'être prêtes à quitter leur impasse. Elles y seront pourtant contraintes et forcées sous la pression de la logique pénurique qui ne permettra plus les gabegies de la facilité, des assistanats et de l'hyperconsommation.

La sortie du rêve moderne – qui est, très largement, devenu le « rêve américain » – sera douloureuse pour elles. Le rêve vire au cauchemar. Et les élites démagogiques, ces marchands de bonheurs artificiels, feront payer cher à tous le prix de dorure de ce qui n'est déjà plus qu'un vulgaire ersatz de plastique.

Cette évolution cruciale des esprits vers plus d'intériorité change tous les rapports de vie. Rapport à soi. Rapport aux autres. Rapport au système socioéconomique, en général, et au travail et à la consommation, en particulier. Rapport au monde et à la Nature. Rapport au Cosmos et au Tout.

N'évoquons ici que le rapport au travail. La Modernité avait fait du travail (du latin *tripalium* : un instrument de torture construit sur trois pieux) le moyen de gagner sa vie, c'est-à-dire de gagner l'argent nécessaire pour acheter son bonheur aux marchands de bonheur, et une obligation morale de contribution au bien-être général des masses.

Avec l'intériorisation de la vie et la volonté permanente de joie de vivre, ces deux socles ne tiennent plus et s'effondrent.

Le travail doit se transformer en instrument de joie par l'accomplissement de soi dans un projet collectif qui ait du sens : il n'est plus un mal nécessaire, il est une opportunité d'effort, d'intelligence et de talent qui doit rapporter cash son pesant de joie.

Et le travail n'est plus une obligation morale de contribution au contrat social. Il n'y a plus de contrat social. Jean-Jacques Rousseau nous a tous roulés. Il n'y a jamais eu de contrat social : personne ne l'a jamais ni lu ni signé. Ce contrat est un faux à l'usage des élites démagogiques. Le travail est un chemin éthique pour soi et non une obligation morale envers les autres.

Mais laissons un peu de place au lyrisme, à la poésie, à la spiritualité...

Joie de vivre, donc...

Prendre la Vie très au sérieux sans se prendre au sérieux.

Si l'on éliminait tout ce dont on peut se passer, quel épurement de la Vie ce serait !

Pour vivre « dehors », il faut d'abord vivre « dedans ».

Il faut tout un univers intérieur, bien consistant et bien vivant, pour rayonner vers le monde extérieur sans jamais dépendre le lui. C'est à l'intérieur de soi que l'on s'accomplit, et nulle part ailleurs. Et cet accomplissement, tout intérieur, alimente un immense réservoir d'énergie vitale.

C'est, au contraire, l'abyssal vide intérieur des contemporains qui leur fait donner un poids hypertrophié, artificiel et illusoire à la socialité, au lien social. Ce que l'on n'est pas capable de vivre au-dedans, on essaie de se le faire jouer au-dehors.

Qui n'est pas habité n'habite rien.

Le prix de la liberté est l'intériorité.

On n'est vraiment libre qu'à l'intérieur de soi.

L'intériorité se partage peu. Elle n'est partageable qu'au sein d'un authentique Amour fusionnel. Tout le reste n'est qu'illusion sociale.

L'intériorité n'a aucun but – pas même la Joie ou le bonheur qui n'en sont que des conséquences. Elle est en soi cheminement autoréférentiel, sans autre volonté ni désir que de pleinement et noblement s'accomplir.

Paul Valéry écrivait ce bel alexandrin :

Et je jouis sans fin de mon propre cerveau.

Tout est dit !

Je serai misanthrope tant que les humains ne comprendront pas que leur extériorité sociale saccage mon intériorité spirituelle.

Elle me tue : la seule vraie vie est tout intérieure.

L'Amour permet la construction d'un en-dedans unique où fusionneront deux existences dans la Vie-Une.

C'est l'intérieur qui nourrit l'extérieur et non l'inverse.

L’économie des intelligences : le grand véhicule de l’après-modernité

L’explosion informatique des années 1970 et 1980 a permis l’émergence d’une « couche » supplémentaire autour de notre bonne Terre : la noosphère, un vaste réseau devenu dense de flux d’informations et d’accumulation de connaissances.

Cette émergence a provoqué une rupture de paradigme de la même ampleur que le passage néolithique à l’agriculture, à l’élevage et à la métallurgie. Ce basculement, la révolution noétique, induit le passage de la société de consommation et de l’économie industrielle à une société de la connaissance et des économies immatérielles (ou existentielles).

Les objets étaient uniques et rares, c’est ce qui faisait leur prix ; les idées sont multiples, sans propriétaires et duplicables gratuitement à l’infini – les idées ont de la valeur, mais n’ont pas de prix. Les objets étaient inertes et fragiles, chers à transporter ; les idées ne s’usent pas à l’usage et circulent à 100 000 km/s. Les objets étaient statiques ; les idées prolifèrent. Les objets étaient et restaient ce qu’ils étaient ; les idées évoluent et s’enrichissent au fil des interprétations qu’on leur donne.

La révolution noétique ouvre de nouveaux espaces, de nouvelles valeurs, de nouveaux comportements ; elle nous oblige à revisiter tous nos fondamentaux.

*

L’économie de l’intelligence – de toutes les intelligences, y compris celle des mains – participe évidemment de l’économie immatérielle (existentielle) qui, déjà aujourd’hui, supplante l’économie industrielle, l’économie de l’objet.

L’intelligence ne se vend pas – au pis, elle se loue, étant strictement individuelle et indissociable de celui qui la porte –, mais elle engendre, par les reliances qu’elle induit, toutes les formes de valeur dont l’économie raffole.

Car la valeur économique naît bien de l’intelligence, et d’elle seule. Je parle de cette valeur ajoutée qui, à la somme des valeurs des ressources mises en œuvre, ajoute la valeur émergente de leurs interactions, donc de leur reliance, donc de leur intelligence. Une voiture n’est pas que la simple juxtaposition d'un moteur, d'un châssis, de roues, etc. : l'automobile ne prendra une quelconque valeur d'usage que lorsque ces divers éléments seront dûment, convenablement et adéquatement assemblés, ajustés, organisés, agencés. Bref, lorsqu'ils seront convenablement reliés les uns aux autres.

Lorsque l'on déguste un repas préparé par Joël Robuchon ou Alain Ducasse (en tant que Morvandiau, je pense aussi, bien sûr, au regretté Bernard Loiseau), c'est moins leur temps de travail que l'on paie que leur intelligence culinaire et gastronomique. C'est elle qui donne aux mets leur valeur à la fois gustative et marchande.

Ce petit exemple montre bien que l'économie de l'intelligence est déjà, mais sera toujours plus, une *économie artisanale* où chacun, muni de son propre bagage d'intelligences bien affûtées, se réapproprie son propre fonds de commerce. Le salariat industriel et inintelligent est mort. Vive les artisanats des intelligences et des intelligents !

Par ses sacro-saintes standardisations, normalisations, massifications et autres procéduralisations, le modèle industriel avait tout fait pour concentrer l'intelligence sur le plus petit nombre de têtes possible. L'ouvrier, sur sa ligne, était prié d'être compétent et productif, mais pas d'être intelligent. Au contraire, parce qu'elle est subversive dans son individualité, l'intelligence était plutôt mal vue et malvenue. Taylorisme obligeait.

Aujourd'hui, la donne a changé et l'atout est passé dans d'autres mains. La complexification ambiante pousse à la personnalisation des produits et des services. Les effets de taille et de masse perdent de leur acuité puisque l'intelligence est bien plus *people intensive* que *capital intensive*. Le prix, quoique prégnant, n'est plus le facteur déterminant d'achat ; la qualité prime puisque « le bon marché finit toujours par coûter trop cher ». Toute la logique et le gigantisme industriels, fondés sur les économies d'échelle et les effets de levier, s'effondrent. *Small* sera *beautiful*... Artisanat, encore.

L'économie noétique se dessine déjà comme un vaste – mondial – réseau d'artisans des intelligences, fournisseurs de maîtrise de leurs arts, qu'ils soient verticaux (les spécialistes) ou horizontaux (les intégrateurs). En matière d'informations, d'idées, de connaissances, le lieu central économique sera

– est déjà – la Toile : la localisation physique et géographique n'a plus d'importance. Ce qui importe, ce sont la notoriété des intelligences et la capacité de les mettre en œuvre dans les langages les plus adéquats.

*

Les idéologies politiques et économiques actuelles, toutes issues du XIXe siècle, se fondent sur une vision binaire fausse des sociétés humaines. Au capital et au travail, il faut, à présent, ajouter l'intelligence – et le pouvoir noétique qui en découle.

Les sociétés humaines émergent de l'exploitation de trois ressources : celle des territoires (le capital), celle de l'activité (le travail) et celle du génie (l'intelligence).

Marx n'avait vu que les deux premiers pôles et avait, de ce fait, sombré dans une vision dualiste, primaire et mécaniste (le matérialisme dialectique) : en négligeant le pouvoir noétique, il avait réduit la sociologie humaine à un irréductible conflit entre forces du capital et pouvoir économique, d'une part, et forces du travail et pouvoir politique, d'autre part. Dans cette logique, les forces du travail, par le biais de la révolution politique, devaient écraser l'ennemi, à savoir : les forces du capital (par la collectivisation des outils de production) et le pouvoir économique (par la dictature du prolétariat). Les diverses tendances socialistes fonctionnent toujours sur ce schéma boiteux.

Pour dépasser Marx et entrer dans une vision complète du réel, il faut passer de cette vision dualiste puérile à une vision ternaire bien plus complexe dont les multiples combinaisons possibles tuent dans l'œuf toutes les tentations d'idéologisation simpliste.

Ce ternaire (capital, travail, intelligence) empêche de croire qu'une « victoire » d'un des pôles soit possible (dictature de droite ou de gauche) ou qu'un équilibre stable entre les deux soit tenable (démocratie socialo-capitaliste). Depuis longtemps, ce sont les intellectuels (la force noétique) qui voudraient jouer les arbitres, au travers de leur présence dans les médias, par le jeu de leurs alliances avec l'un des deux camps du binaire (Jean-Paul Sartre *vs* Raymond Aron). Ils n'y arrivent pas, tout simplement parce que les élites démagogiques ne veulent pas d'eux sur leurs platebandes.

Il faut d'urgence sortir de cette politique d'alliance pour affirmer le pouvoir noétique en tant que tel, ni politique, ni économique : un pouvoir de l'intelligence ni irréductible au capital (la « droite »), ni au travail (la « gauche »).

Par essence, le pouvoir économique est autocratique (pour les entrepreneurs) ou ploutocratique (pour les investisseurs). Le pouvoir politique, lui, quoique démocratique en théorie, est démagogique et clientéliste en pratique. Le pouvoir noétique, lui, par logique, est un pouvoir aristocratique, au sens étymologique du terme : un pouvoir d'autorité fondé sur la maîtrise et légitimé par l'adhésion et la reconnaissance des pairs. Les politiques reçoivent leur pouvoir de la masse du peuple, les noétiques font autorité dans le regard de leurs pairs.

Il y a longtemps que le pouvoir noétique existe et travaille entre politique et économique : ce sont les commissions d'experts ou de « sages », ce sont les « conseillers », ce sont les « hommes de l'ombre », les « sherpas », les « coaches », les « éminences grises », les « hommes d'influence sans pouvoir », etc.

Cependant, quelque flou, diffus ou discret soit-il, ce pouvoir noétique est un pouvoir de l'ombre, donc suspect aux yeux des médias et du public.

Il faut qu'il sorte de cette ombre en développant ses propres médias, ses propres tribunes, ses propres instances. Cela commence à se faire. Mais la récupération est facile et rapide par les deux autres pouvoirs en place.

*

Et puisqu'il faut clore cette excursion en noétique, redisons que le monde humain vit, sous nos yeux, une immense mutation paradigmatique, une bifurcation colossale de sa logique de développement.

Ce qui donnait sens et valeur n'en donne déjà plus. Au-delà de la Modernité, émerge peu à peu une autre logique humaine : celle de la valeur supérieure de la connaissance et de l'intelligence. C'est cela le fondement intime et ultime de la révolution noétique en cours, amplifiée et accélérée par la concomitante révolution numérique.

L'extinction évidente et inévitable des valeurs humanistes qui érigeaient en principe la centralité ou la prééminence du phénomène humain n'est peut-être pas encore admise par la plupart, elle est déjà un fait néanmoins. Il est devenu évident que l'homme n'est rien par lui-même : il n'existe que par ce qu'il fait, dit, pense dans le monde ou, plutôt, par ce qui est fait, dit et pensé à travers lui, par le flux immense de la Vie. Ce n'est plus l'homme, l'humanité, l'humanitude qui donnent sens et valeur à l'homme. Le sens et la valeur de l'homme ne sont plus en lui, mais hors de lui. L'homme n'est pas sa propre justification, ni la justification de ses actes.

L'homme ne prend sens et valeur que dans et par l'accomplissement de sa nature, de sa condition, de sa mission qui est de permettre l'essor de la connaissance, de l'intelligence, de l'esprit, qui est de construire le pont entre Vie et Esprit, entre Vie et Pensée. La raison d'être de l'homme est semblable à celle de la cellule végétale initiale qui établit le pont inouï entre le règne minéral alors omniprésent et omnipuissant (la lithosphère), et le règne végétal puis animal (la biosphère). Comme le fit l'algue bleue, l'homme, à présent, doit assumer sa vocation de construire l'interface entre biosphère et noosphère. Cela seulement lui donne(ra) sens et valeur.

Le moteur de la construction de ce pont magnifique et vital est l'intelligence, sous toutes ses formes.

L'homme ne prend(ra) sens et valeur que par cette intelligence qu'il développe(ra) et qu'il met(tra) au service de l'émergence de la noosphère. Tout le reste est subsidiaire, voire superflu, voire franchement nocif.

L'éthologie qui monte : après la cupidité, la joie

La Modernité avait conçu un vaste projet : la libération de l'homme par le progrès ou, son symétrique, le progrès de l'homme par sa libération.

On l'a bien vu, ce progrès fut exclusivement matériel et cette libération a surtout libéré une insatiable cupidité qui, aujourd'hui plus que jamais, est le vrai moteur profond du système socioéconomique.

Et l'on voit tous les jours où cela nous mène : au suicide collectif et à l'assassinat de la Terre, l'un étant cause et effet de l'autre.

Quel dommage que le mot « cupidité » soit associé de si près au dieu Cupidon, l'Éros des Latins. Ce qui lie ces deux mots, c'est le verbe *cupere* qui signifie : « désirer ». Le désir charnel face au désir vénal.

Il ne s'agit donc pas de tuer le désir, dans une forme laïque et pratique de bouddhisme postmoderne, mais d'en changer la cible.

La cupidité est le désir d'acquérir, de posséder, d'accumuler. Cupidon, lui, est vecteur du désir d'amour, de sensualité, de sexe. Deux désirs, mais de natures différentes, même si le désir charnel, parfois, peut aussi devenir vénal lorsque l'amour devient, d'une part, prostitution ou, d'autre part, asservissement.

Ne revenons plus sur notre analyse de la cupidité comme besoin d'accaparement, de possession. L'homme – plus que la femme, d'ailleurs – est un être foncièrement cupide. Il est dès lors inutile de chercher à l'en détourner en lui faisant la morale. Le : « C'est pas bien d'être cupide » n'a jamais freiné la cupidité qui répond, inlassablement, un malicieux : « Cause toujours ! »

Il faut donc penser un désir qui deviendrait plus impérieux que la cupidité, au point de la détrôner, au point de la faire tomber de son piédestal, au point de la faire passer au second rang des désirs.

L'enjeu est énorme – puisque toute une nouvelle civilisation devra se construire au départ de cette substitution – et le problème est bien difficile.

Heureusement, les deux points faibles de la cuirasse viennent de la cupidité elle-même.

Primo : pour posséder beaucoup, il faut travailler beaucoup, et travailler tant que le temps manque pour jouir de ce que l'on possède.

Secundo : lorsque l'on possède beaucoup, surtout à une époque et en des lieux de disette et de manque, on devient la cible de tous les malfrats (légaux – comme le fisc – ou illégaux).

Bref, ***celui qui possède « trop » ne jouit plus et se fait voler.***

Bien sûr, on pourra épiloguer sans fin sur le « trop » que j'ai mis, fort à propos, entre guillemets. Bien sûr, chacun aura tendance à mettre son « trop » à une hauteur où il considérera ne subir aucune gêne du fait de ce changement d'attitude.

Peu importe. C'est une dynamique qu'il s'agit d'initialiser, de déclencher, d'initier.

Reformulons en inversant : posséder moins pour jouir plus et moins se faire voler.

Posséder moins (en quantité)***, du moins visible*** (fiscalement ou vulgairement, pour ne pas se faire voler) ***afin de jouir plus***. La formule devient intéressante.

Si ce que l'on possède n'a pas de valeur marchande, n'a pas de prix parce que n'a pas de valeur pour l'autre : le vol n'a plus de sens.

De quoi pourrait-on donc bien jouir intensément et qui n'a aucune valeur marchande ? Qu'est-ce dont j'ai vitalement, impérieusement, profondément besoin, mais que je ne peux acheter nulle part ?

Alors, ami lecteur... ? Vous commencez à voir... On s'approche ? On brûle ?

La réponse à l'énigme a déjà été donnée maintes et maintes fois tout au long des pages qui précèdent : la joie de vivre !

Mon complice, Olivier Parks, m'a un jour envoyé un résumé qu'il fit d'une interview d'Alice Herz-Sommer, une femme, juive, rescapée des camps de la mort, musicienne (pianiste). Je ne me prive pas de la joie de vous donner ce texte ci-après.

Alice Herz-Sommer est interviewée par Anthony Robbins dans la vidéo présentée ci-dessous.

Elle est une dame qui a vécu toute sa vie en cultivant la joie. Même dans les moments les plus difficiles, lorsqu'elle s'est retrouvée dans un camp de concentration avec son jeune fils, et après que ses parents eurent été tués, elle gardait la joie de vivre, elle riait tout le temps et voyait la beauté davantage que l'absurdité humaine. Ce qui a aussi rendu l'épreuve plus supportable pour son jeune fils puisque, comme elle le dit, un enfant est rassuré dès lors qu'il est auprès de sa maman, et que celle-ci vit la joie. « On est restés deux ans allongés sur le sol [un sol gelé, de terre battue] ; et il me voyait rire. Comment un enfant peut-il s'empêcher de rire, quand il voit sa mère rire ? Quand un enfant est près de sa mère, n'importe quoi peut arriver ; il n'a pas peur, il se sent en sécurité. »

Elle est née « optimiste » : elle n'a cessé de rire toute sa vie. « Le pire, ce sont les gens qui s'ennuient, qui ne savent pas quoi faire de leur vie. »

Elle ne nourrit pas de haine par rapport aux nazis.

Un autre mot, important à ses yeux, est la gratitude. La gratitude pour tout ce que la vie nous offre. « Tout... tout est un cadeau, absolument tout. Voilà, j'ai appris à être reconnaissante pour tout », dit-elle. Elle a été très reconnaissante et heureuse, même envers le camp de concentration qu'elle considère comme un cadeau. Elle y trouva, comme le dit Anthony Robbins, une façon de s'épanouir. S'accomplir le plus pleinement possible... ou, toujours cette intention d'accomplissement, commune aux grands devenirs...

Elle est parfois même reconnaissante d'être passée par les camps de concentration, car ça lui a « donné une certaine richesse, que les autres n'ont pas ». « Ma réaction à la vie ne dépend pas de celle des autres. Tout le monde se plaint... oh, c'est terrible ; mais c'est pas si terrible. On apprend tous de nos erreurs... il faut bien qu'il y ait du mauvais » (Alice H-S). « Vous avez appris du mauvais mais vous vous êtes concentrée sur le bon ; c'est comme ça que vous avez fait marcher votre vie » (AR).

Elle dit aussi que « le fait de se plaindre, ça change personne ; quand on se plaint, ça change rien ».

Alice est juive sans religion et la musique fait partie de sa religion.

L'importance aussi d'apprendre continuellement, qui était le fondement de tout, d'après la maman d'Alice Herz-Sommer. Apprendre par cœur (elle a appris Bach par cœur) est apparemment meilleur que pas mal de pilules. Elle vit maintenant sa vie à rebours...

Elle pense aussi que l'homme n'a peut-être pas besoin de nourriture, « quand on possède quelque chose de spirituel. La musique nous servait de nourriture ; la musique était notre nourriture. C'est la musique qui nous a gardés en vie ».

Aujourd'hui [mars 2013], *Alice a 108 ans et vit seule à Londres dans un petit appartement, sans assistance, et continue de pratiquer le piano trois heures par jour.*

Voici la vidéo : http://www.youtube.com/watch?v=OB-lUg_TshU&feature=share

J'entends d'ici ricaner les esprits forts, les tenants du bon sens pratique, contempteurs d'angélismes et de mièvreries. Je les connais bien. Je suis souvent l'un d'entre eux.

Mais pas ici.

Je pense très sérieusement que le culte de la joie, au quotidien, en tout, pour tout et pour tous, est bien plus riche que toutes les richesses matérielles accumulées.

La cupidité tue la joie (et se réconforte dans des plaisirs dont on se lasse et qui laissent un goût amer). La cupidité tue la joie et l'homme, pourtant cupide jusqu'à l'os (par peur atavique de perdre ou de manquer), a encore plus besoin de joie que de biens.

C'est cette révolution-là qu'il nous faut entreprendre, au fond de nous, au long d'une démarche qu'il ne faut pas craindre de juger initiatique ou spirituelle.

Nous y reviendrons dans le dernier chapitre de cette deuxième partie.

Concentration et néo-artisanat : de nouveaux territoires

Ces nouveaux territoires sont offerts par la révolution numérique qui ouvre d'infinis univers immatériels. Il ne s'agit pas de bouder la matérialité, de la renier, de la refuser. Ce serait absurde : tout objet immatériel (une idée, une symphonie, une histoire, un mythe, une théorie, une forme...) a besoin, pour se réaliser (pour devenir réel, donc) d'un support matériel. Immatérialité et matérialité vont toujours de pair.

Ce que les technologies numériques (qui, quoique traitant exclusivement d'objets immatériels, ont besoin de la matérialité de l'ordinateur, du disque, de la clé USB, du cuivre ou des fibres optiques du réseau filaire, des satellites géostationnaires de télécommunication, des ondes hertziennes, etc.) ont apporté, ce sont des capacités et des vitesses de traitement, de stockage et de transmission des objets immatériels.

Ce qui était tellement long et laborieux à faire que cela en devenait impossible prend maintenant quelques secondes sans trop de peine. Voilà ce qui a changé. Et cela rend possible l'injection massive et profonde de toujours plus d'intelligences dans la matière dont, rareté et frugalité obligent, le volume sera aussi ténu que possible. C'est la voie naturelle et évidente de la miniaturisation et des nanotechnologies.

Le slogan pourrait être : toujours plus d'intelligences dans toujours moins de matière.

Les grosses mises en œuvre de matière, selon la logique d'industrialisation et de massification, exigeaient de grosses unités de production. Le gigantisme était de mise. La croissance en taille et en volume était le *must* managérial exigé par une logique de financiarisation et d'endettement généralisé.

Ce n'est plus le cas lorsque ce n'est plus la matière qui fait valeur, mais l'intelligence. Là, les effets d'échelle ne jouent plus, ne sont plus pertinents. La dilution des coûts fixes dans un gros volume de production n'est plus utile. Les investissements stratégiques sont immatériels et visent talents, compétences, intelligences et génies : ils coûtent beaucoup de temps et de travail mental, mais pas d'argent... ou très peu.

Le problème n'est plus de rétribuer le labeur physique de salariés embauchés pour faire du bête travail d'exécution (il y a des robots et des automates programmables pour cela) ; le problème est de fidéliser des associés talentueux et intelligents, capables de construire, ensemble, une cathédrale immatérielle unique, utile, géniale.

Comprenons bien. Du temps de la logique industrielle, d'entre les trois fonctions fondamentales du processus : concevoir, fabriquer, commercialiser, c'était la fonction « fabriquer » qui était centrale, prépondérante, critique car c'est sur elle que se concentrait la masse des mises de fonds. Il fallait faire tourner l'usine « plein pot », tout le temps, à la cadence maximale pour rentabiliser les investissements pharaoniques qui y étaient engloutis.

Mais aujourd'hui, l'essentiel de la valeur d'usage des produits et services ne vient plus des investissements productifs de « l'usine ». Ce n'est plus la fabrication qui est critique. Ce sont les deux autres fonctions qui sont devenues essentielles : la conception et la commercialisation. Et ces deux fonctions sont purement immatérielles, supportées, toutes deux, et de plus en plus par la Toile et les logiciels que l'on y trouve. La commercialisation passera, à 80 % au moins, par l'e-commerce. La conception se déploiera au travers d'outils virtuels comme les FabLab qu'Emmanuelle Roux, Laurent Ricard et leur bande expérimentent en divers lieux de France (pour plus d'informations, tapez FabLab ou « La Forge des Possibles » sur votre moteur de recherche préféré).

Même au niveau de « l'usine », ce n'est plus la force de travail qui compte (il y a, répétons-le, des robots et des automates programmables pour cela). L'essentiel, dans l'usine, c'est sa conception et son pilotage, c'est-à-dire deux fonctions immatérielles basées sur l'intelligence, le talent et la compétence. Plus besoin de biceps : voilà le point central.

Du tour de main : oui. De l'imagination : oui. Des connaissances : oui. Du talent pour piloter avec agilité, avec astuce, avec souplesse : oui. Mais de biceps : point !

Même aux caisses des magasins, les caissières sont totalement inutiles. Il n'y a aucune intelligence dans le fait de scanner des codes à barres, d'appuyer sur la touche « total » de la caisse enregistreuse et de tendre le terminal de paiement par carte. Faut-il s'étonner du peu d'entrain que mettent lesdites caissières à faire ce travail débile qu'un robot de détection et de lecture de puces fera mieux, plus sûrement et plus vite qu'elles !

Moralité : la main-d'œuvre de masse est appelée à disparaître (comme la main-d'œuvre paysanne a presque disparu). Notre changement de paradigme signe la fin du salariat (typique de la logique industrielle de masse) et signe l'essor d'un nouvel artisanat. En effet, l'essence profonde du salariat est un contrat qui échange du temps de présence en un lieu donné contre un chèque de fin de mois. Or, l'avènement du travail artisanal sur la Toile, seul ou en communauté, abolit, à la fois, l'idée de lieu fixe et l'idée de temps de présence.

Qu'importe à mon lecteur que j'écrive ces lignes au bistrot, dans le TGV, dans mon lit ou assis à mon bureau ? Que lui importe que je les écrive dans la fourchette « réglementaire » du *nine to five* ou à quatre heures du matin, ou n'importe quand, selon la disponibilité et/ou l'inspiration ? Lorsque ce cher lecteur lira ces lignes, il se sera écoulé, probablement, de huit à dix-huit mois (j'écris ceci le 3 mars 2013) et je serai en train d'écrire autre chose.

La Toile abolit l'espace et le temps : ce fait majeur implique de revisiter la notion de travail et d'emploi (voir : *Travail et emploi - Une mutation annoncée*, Marc Halévy, Dangles, 2009), et les notions subséquentes de rémunération, de contrat, de relation hiérarchique ou communautaire, de proximité, d'organisation en réseaux, de contribution à un projet et non d'appartenance à une entreprise, etc.

L'avenir est aux petites entités. Le gigantisme et la croissance en taille sont des phantasmes propres à l'ancien paradigme.

Certes, ce gigantisme a eu son utilité (dilution des coûts fixes). Mais il n'est plus de mise. Le réseau de petites entités artisanales et autonomes, fédérées par un projet fort et animées par des interactions permanentes, sera le modèle largement dominant. Et, au sein de chacune de ces entités de petite taille (cinquante personnes au maximum), le partenariat se substituera au salariat qui n'aura plus de raison d'être (et que l'on ne m'objecte pas ce mythe indécent de la « sécurité d'emploi » et de la « précarité » qui sont des tartes à la crème : rien n'est plus stable et durable que le statut d'artisan indépendant ; rien n'est plus joyeux et libre, aussi).

On comprend donc, clairement, que l'heure est à la concentration et non plus à l'expansion. Concentration en petites entités artisanales. Concentration locale dans une logique de proximité (voir : *Mondialisation et relocalisation - Entre Terre et terroir*, Marc Halévy, Dangles, 2012). Mais surtout et avant tout : concentration sur son métier (ce que j'ai appelé la « procentration » et qui sera évoqué dans l'épilogue, ci-après) où le souci majeur est l'excellence, la qualité, la maîtrise parfaite, la ***virtuosité***. Il n'y aura presque plus de place pour le « travail bête ». Chacun redevient professionnellement autonome, responsable de soi et de son propre fonds de commerce : ses compétences, ses talents, ses intelligences et son génie.

Complexification et réticulation : de nouveaux modèles

Cela vient d'être évoqué :

« L'avenir est aux petites entités. Le gigantisme et la croissance en taille sont des phantasmes propres à l'ancien paradigme.

Certes, ce gigantisme a eu son utilité (dilution des coûts fixes). Mais il n'est plus de mise. Le réseau de petites entités artisanales et autonomes, fédérées par un projet fort et animées par des interactions permanentes, sera le modèle largement dominant. Et, au sein de chacune de ces entités de petite taille (cinquante personnes au maximum), le partenariat se substituera au salariat qui n'aura plus de raison d'être (...) ».

Revenons-y...

Si l'on mesure le niveau de complexité au sein d'un système – par exemple le système socioéconomique – par la densité des interactions (le nombre, la fréquence et l'intensité des transactions entre acteurs et composants), alors cela ne fait plus aucun doute : notre monde, depuis la fin de la guerre mondiale et, plus encore, depuis la révolution numérique et la Toile, connaît un très important saut de complexité.

Ce saut de complexité produit, en cascade, des torrents d'effets directs et secondaires qui obligent à revisiter tous les fondamentaux de notre vie, surtout professionnelle.

Pour le dire d'un mot, le contraire de complexe, c'est mécanique, c'est-à-dire prévisible, analysable, rationalisable, planifiable, hiérarchisable. Les solutions et modèles mécaniques sont parfaitement efficaces au sein d'un milieu stable, rudimentaire, lent. Mais lorsque la complexité croît, ces solutions et modèles deviennent inopérants car ils seraient obligés de devenir lourds, compliqués : des « usines à gaz » bureaucratiques, procédurales et procédurières, telles que nous les voyons envahir nos vies depuis des décennies. La complexité condamne au génie et à la simplicité contre la complication. Cela implique d'autres types de solution aux problèmes, cela implique d'autres modèles.

Henry Mintzberg a calculé, par exemple, qu'un manager de l'an 2000 doit prendre, par jour, autant de décisions qu'un manager de l'an 1900 en prenait par mois, soit, en moyenne, 22 fois plus. Cela ne signifie nullement que notre manager de 1900 travaillait 22 fois moins. Cela signifie qu'il disposait de 22 fois plus de temps pour prendre chacune de ses décisions. Il pouvait se permettre d'analyser toutes les composantes de la situation, de consulter ses experts et spécialistes, de simuler les effets de ses décisions, d'argumenter rationnellement, etc. Ce n'est plus comme cela que fonctionne un manager actuel qui navigue à vue, d'instinct, à l'intuition, au *feeling*, au flair, à l'expérience, à la délégation. Il n'a plus le temps ni de finasser, ni de ratiociner. Et ça marche ! Du moins pour les plus talentueux, les plus doués. Les compétences que l'on apprend à l'école sont une chose ; les talents que l'on développe sur le tas en sont une autre. Ils ne s'excluent nullement mutuellement ; ils se complètent. Mais, naguère, les compétences suffisaient ; aujourd'hui, elles ne suffisent plus du tout. Or, il est une constante : faire acquérir des compétences à quelqu'un de talentueux est chose facile ; mais faire naître des talents chez quelqu'un d'archi-compétent, mais qui en est dépourvu, est chose impossible !

La cybernétique est la branche de la physique des systèmes complexes qui étudie les phénomènes de régulation, c'est-à-dire les sous-systèmes de pilotage[10] des systèmes complexes. Cette science passionnante et trop peu connue offre des pistes essentielles pour réfléchir aux nouvelles modalités de fonctionnement dans le système socioéconomique après qu'il a subi un tel saut de complexité.

Elle dit, par exemple, que pour survivre correctement dans un milieu donné, la complexité interne d'un système doit être supérieure à celle de ce milieu. Sa vitesse de réaction aux agressions doit être au moins égale à la vitesse d'occurrence de ces agressions, sinon il se fait rapidement laminer et éliminer. Il doit répondre du tac au tac : c'est du bon sens.

Mais comment peut-on augmenter la vitesse de réaction d'un système sans, pour autant, augmenter sa consommation d'énergie (ce qui serait contre-productif) ?

---

10 En grec, la racine *kubernaô* évoque l'idée de piloter ou de gouverner (c'est le même mot, k devenant g et b devenant v) un bateau.

En changeant de modèle organisationnel, en décidant de mettre en place une interactivité et une réactivité maximales, c'est-à-dire en stimulant et en activant toutes les relations de coopération entre tous les composants du système afin qu'à tout moment, face à l'imprévu, puisse se mobiliser le sous-groupe adéquat.

On l'a reconnu, ce type d'organisation porte un nom : le réseau qui, au contraire de la pyramide hiérarchique, tend à activer le nombre maximum de coopérations (alors que la hiérarchie – l'arborescence linéaire – est la solution mathématique du problème de la *minimisation* du nombre des coopérations possibles).

Mais diriger une hiérarchie et piloter un réseau ne relèvent ni des mêmes techniques, ni des mêmes comportements, ni des mêmes états d'esprit. La sortie du hiérarchique n'implique nullement l'éradication de la notion de pouvoir. Il faut, au contraire, qu'il y ait des gens qui détiennent un pouvoir (s'il est légitime) et qui puissent arbitrer les conflits et trancher les différends : c'est cela, être gestionnaire. Mais, dans un réseau, cela ne suffit pas. Trois rôles distincts y sont indispensables. Il faut, en plus des gestionnaires, qu'il y ait des gens qui fassent autorité (des experts reconnus) et des gens qui simulent l'enthousiasme et la passion joyeuse envers le projet commun (des leaders charismatiques). Car là est le nœud gordien du concept de réseau : un réseau ne reste cohésif et cohérent que si chacun de ses membres entretient une foi inextinguible dans le projet commun qui fonde ce réseau-là. Antithèse absolue de la bureaucratie où l'on vient fonctionner, sans intelligence ni passion.

La notion de réticulation indique, en fait, ce vaste mouvement de passage des organisations en hiérarchie vers des organisations en réseau. Cette réticulation touche déjà les entreprises où les grosses entreprises intelligentes (il y en a peu parce que rares sont les grosses entreprises ayant échappé à la mainmise du crétinisme spéculatif, boursier et financier) se réorganisent en réseaux internes de *business units* autonomes et interagissantes de cinquante personnes chacune. Symétriquement, les PME, de plus en plus, tissent entre elles des partenariats qui les regroupent en grappes réticulées. Mais cette réticulation touche aussi les familles qui, au travers de leurs recompositions, se transforment peu à peu en un réseau d'individus rassemblés autour d'une histoire commune, d'une éducation commune, de racines communes.

Comme je l'ai développé ailleurs (cf. *Mondialisation et relocalisation*, Marc Halévy, Dangles, 2012), ce vaste mouvement de réticulation n'épargne pas nos modèles politiques et induit, nécessairement, une réticulation mondiale à l'échelle des « continents » (Europe, grande Chine, Inde, États-Unis et Canada anglophone, Amérique du Sud, Islam politique, Afrique noire, Océanie...) et une réticulation continentale à l'échelle des « régions ». Il n'y a là plus de place pour les vieilles formations hiérarchiques incarnées par les États nationaux qui disparaîtront (hors, éventuellement, un rôle symbolique lié à une histoire, une langue et une culture – mais les États n'auront plus aucun rôle ni social, ni politique, ni économique).

Résonance et éloge de la fécondité, de l'agilité, de la créativité et des intelligences : de nouvelles activités

Concentration et démassification. Complexification et réticulation. Résonance et synchronisation.

Abordons maintenant ce troisième et dernier moteur de l'après-modernité. La Modernité avait enfermé son système socioéconomique dans une logique de planification, dans une relation mécanique au temps et aux événements. Mais, on vient de le voir, l'incroyable saut de complexité que ce système a vécu ces soixante-dix dernières années, avec un grand coup d'accélérateur depuis 1989 (naissance de la Toile et effondrement du communisme), induit une éradication du mécanique au profit de l'organique, c'est-à-dire d'une relation à tout, donc aussi au temps, qui devient vivante, adaptative, protéiforme, incertaine.

Fécondité, agilité, créativité, intelligence seront les maîtres mots du paradigme naissant. Ils renvoient tous à la théorie K et r... Qu'est-ce à dire ?

Au XIXe siècle, dans le droit fil de Malthus et de Darwin, un mathématicien belge nommé Verhulst voulut modéliser mathématiquement l'évolution des populations biologiques sur un territoire fini donné. Cela aboutit à une équation passionnante dite « équation logistique » qui s'écrit comme suit : $dN = r.N.(1 - N/K)$, et qui signifie que la variation dans le temps d'une population N est proportionnelle à cette population (puisqu'il y aura d'autant plus de descendants qu'il y a de parents), que le coefficient de proportionnalité r est la fécondité nette de cette espèce (natalité moins mortalité) mais qu'elle est aussi proportionnelle à $(1 - N/K)$ qui indique que si la population N atteint sa limite de saturation K pour le milieu donné, elle s'éteint (le territoire a donné toutes ses ressources et n'a plus rien à offrir).

Les éthologues ont bien observé, dans la nature, deux grandes catégories de comportement appelées r et K selon que l'espèce vise la prolifération rapide avec un haut taux de fécondité (les mouches, par exemple) ou qu'elle vise une conquête progressive et dominatrice de la totalité du territoire (les éléphants, par exemple).

La logique de la Modernité est une logique K de conquêtmassive jusqu'à saturation (c'est bien cette atteinte de la limite de saturation de l'écosystème qui est le signe et la source de la situation critique actuelle et de la mutation paradigmatique que nous vivons).

La logique de l'après-modernité sera une logique r construite sur la prolifération légère et rapide (agilité), sur la multiplication des projets, des comportements, des lignes de vie (créativité), sur le foisonnement des opérations et des chemins parallèles (fécondité) et sur le non-combat, le refus des guerres (des prix, des parts de marché, etc.) car les mouches ne se battent pas entre elles (intelligence), au contraire des lions ou des babouins.

Le problème n'est plus la domination, mais la récolte. Le problème n'est plus la taille, mais l'agilité. Le problème n'est plus la conquête, mais la prolifération. Le problème n'est plus la stabilité, mais le foisonnement.

Victoire radicale de l'organique sur le mécanique, de la complexité sur l'élémentarité, du foisonnement sur l'ordonnancement, des lémuriens sur les dinosaures.

Cela, on l'imagine, a des répercussions colossales sur nos représentations de l'espace et du temps, et sur nos rapports à ceux-ci. La conquête de l'espace (la domination) et du temps (la planification) cède la place à la fécondation de l'espace (la germination) et du temps (synchronisation). Il ne s'agit plus d'optimiser *le* chemin qui mène à l'atteinte des objectifs (domination et planification), mais bien de mener, en parallèle, de nombreux chemins qui, chacun, portent en eux une intention particulière qui exploitera toutes les opportunités offertes par l'espace socioéconomique et par le temps de la vie.

Répétons-le, le problème n'est plus de se fixer pour objectif d'atteindre le sommet du mont Blanc avant 50 ans, mais de se donner la discipline permanente (c'est cela l'intention) de toujours choisir, à chaque bifurcation, le chemin qui monte, sans destination ou but particuliers.

Pratiquement, cela revient à avoir toujours plusieurs fers au feu de façon à réallouer, en fonction des circonstances, les ressources dont on dispose sur celui-ci ou celui-là, afin d'en tirer le meilleur parti.

Cela signifie, pour chacun, personne ou entreprise ou région, d'avoir tout un éventail d'activités ouvertes, compatibles avec les talents et ressources disponibles ou accessibles.

Il s'agit donc de développer jusqu'à l'excellence tous les savoir-faire, talents et intelligences que l'on porte et de les mettre, en permanence, en activité sur des chemins alternatifs ou complémentaires. Il ne s'agit plus d'avoir un « boulot » fixe, il s'agit de maîtriser un métier vagabond.

En ce sens, il faut être attentif et imaginatif, et comprendre qu'une infinité de nouvelles activités sont ouvertes, possibles, latentes.

À propos de ces nouvelles activités, rappelons ce qui fut dit plus haut :

« Ce passage massif, fondamental, foncier du quantitatif au qualitatif est au cœur même de la mutation actuelle du paradigme socioéconomique.

Pour le dire d'un mot, il implique une décroissance quantitative et un développement qualitatif. Moins, mais mieux !

Oui, le mot est lâché et politiquement incorrect : décroissance. Oui, il s'agit bien de décroissance, tant démographique qu'économique. Beaucoup moins d'humains et beaucoup moins de consommation matérielle par humain.

Tout doit être réinventé en ce sens. Et là, il y a du boulot pour les talentueux, pour les intelligents, pour les imaginatifs, pour les petits malins.

Car, on l'a compris, le basculement du quantitatif au qualitatif induit, évidemment, un autre basculement concomitant du matériel à l'immatériel (...) le champ immatériel du développement existentiel est un champ infini pour des entreprises, des activités, des intelligences nouvelles à créer d'urgence (...). »

Moins, mais mieux ! Tout est dit. Passer de la croissance matérielle au développement existentiel. Passer de la richesse par l'argent à la richesse par la joie. Passer de la richesse de biens à la richesse de vie.

Le XXe siècle a inventé à peu près tous les produits, tous les services, toutes les technologies liés à la consommation de biens par l'argent. Le XXIe siècle devra inventer tous ceux liés à l'enrichissement de la vie par la joie.

De nouveaux modes de vie sont à inventer qui ne visent plus le paraître, mais la simple joie de vivre. Se désencombrer l'existence. Viser l'essentiel. Renoncer à la facilité et lui préférer la simplicité. Travailler moins mais mieux, c'est-à-dire réallouer ses temps d'activité. Plus personne ne deviendra riche (au sens monétaire et financier) par son travail. L'essentiel est de pratiquer des activités existentiellement enrichissantes, dont certaines seront lucratives et d'autres moins, voire pas du tout (la montée en puissance des bénévolats est, à ce titre, assez révélatrice).

La Joie de vivre : le grand projet de l'après-modernité

Depuis les années 1960, on a beaucoup parlé du « changer la vie », du « vivre autrement ». Nietzsche, le visionnaire, avait prévenu : la Modernité va s'effondrer et emporter avec elle toutes ses valeurs, tous les fondements de son paradigme.

Il en fut ainsi à la Renaissance. Et à la mort du dernier carolingien. Et à la chute de l'Empire romain. Et lors de la prise d'Athènes et des cités grecques par les brutales légions de Rome.

Chaque cycle qui s'achève voit ses valeurs les plus sacrées, ses principes les plus forts, ses croyances les plus ancrées relégués au rang de souvenirs, parfois délicieux, parfois moins.

Il en sera ainsi de nos « droits de l'homme », de nos démocraties, de nos justices sociales, de nos égalitarismes, de nos états-nations, de nos économies financières et matérielles, etc.

Il ne s'agit aucunement, comme le clament les derniers thuriféraires de la Modernité, d'un quelconque retour en arrière vers l'oppression, vers la tyrannie ou la dictature (et certainement pas celle du prolétariat), vers l'injustice arbitraire, vers l'inégalitarisme héréditaire, vers l'anarchie ou vers le troc, l'autarcie ou le pillage...

Il s'agit d'inventer de nouveaux modes de vie non pas rétrogradés au-dessous de ceux de la Modernité, mais hissés au-dessus d'eux : plus nobles, plus riches, plus élevés, plus réalistes, plus adultes.

La Modernité avait continué de monter, en force de loi, mais sous leur forme civile et laïque cette fois, les idéaux chrétiens, c'est-à-dire des idéaux infantiles, puérils, simplistes et rudimentaires. C'était l'âge de l'adolescence humaine, après la merveilleuse enfance antique, et avant l'indispensable âge adulte qui commence aujourd'hui.

Car c'est bien de la christianité que nous sortons.

Le cycle chrétien s'étend de l'an 350 à l'an 2000, et se divise en trois périodes successives – elles-mêmes cycliques, d'une durée d'environ cinq cent cinquante ans : la période orthodoxe (l'ère de Dieu par la théologie) qui correspond au cycle goth[illegible], période catholique[11] (l'ère du Salut par l'Église) qui correspond au cycle féodal et la période protestante (l'ère du progrès par la libération) qui correspond au cycle moderne.

La Modernité est le triomphe du protestantisme et est tout entière portée par l'Europe germanique (anglo-saxonne, batave, allemande, scandinave). L'Europe du Sud, catholique, n'y jouera qu'un rôle très secondaire tant en philosophie qu'en science, en technologie ou en économie. La France, quoique portée par une minorité protestante qui fit beaucoup pour les sciences et les industries du pays, est restée largement féodale, agraire et méfiante tant vis-à-vis des technologies que vis-à-vis de l'argent : elle n'a pas été la « fille aînée de l'Église » catholique pour rien.

La Modernité s'organise en cinq temps d'à peu près un siècle chacun : l'humanisme (Érasme, Montaigne, La Boétie, Pic de la Mirandole, Machiavel, More, Bruno, etc.), le rationalisme (Galilée, Descartes, Spinoza, Newton, Leibniz, etc.), le criticisme (Kant et son criticisme philosophique et métaphysique, Voltaire et son criticisme politique, Montesquieu et son criticisme juridique, d'Holbach et son criticisme religieux, Rousseau et son criticisme social, etc.), le scientisme (Comte, Marx, Freud, etc.) et le psychologisme (Husserl, Russell, Sartre, Heidegger, etc.).

Mais chacun de ces cinq temps a connu des oppositions spiritualistes : Pascal contre le rationalisme, Hegel et Schelling – et tout le romantisme – contre le criticisme, Nietzsche contre le nihilisme, Bergson et Teilhard de Chardin contre le matérialisme.

Quoi qu'il en soit, nous vivons aujourd'hui, *en même temps*, la fin du cycle civilisationnel chrétien (celui du monothéisme qui succéda au polythéisme antique et qui précède le panthéisme de l'après-modernité) et la fin du cycle paradigmatique de la Modernité et de son système socioéconomique fondé sur l'économie mercantiliste, industrialiste et financiariste, et sur l'idéologie étatiste, égalitariste et démagogique.

---

11 Il est à mes yeux important de rappeler que contrairement à ce que prétend la vulgate romaine, lors du schisme dit d'Orient au sein de la chrétienté, c'est le catholicisme qui quitta l'orthodoxie et qui fit dissidence, rompant ainsi avec la théologie et la christologie, mystiques et originelles, du christianisme des authentiques Pères de l'Église (Origène, Basile de Césarée, Grégoire de Nysse, Grégoire de Nizianze, Jean Chrysostome, Augustin d'Hippone, etc.).

La rupture que nous vivons est au moins aussi profonde que celle de la chute de l'Empire romain qui avait vu, elle aussi *en même temps*, la fin de l'ordre légaliste romain (-200 à +350) *et* la fin de tous les polythéismes antiques (-1300 à +350). Alors, à partir du concile de Nicée imposé par Constantin, et de Théodose, son petit-fils, le rêve chrétien pouvait envahir les âmes et l'Histoire jusqu'à nos jours.

Mais à présent, une nouvelle ère s'ouvre. Au moins pour cinq cent cinquante ans au niveau paradigmatique (le système socioéconomique noétique) et pour mille six cent cinquante au niveau civilisationnel (une culture panthéiste et eudémoniste). À moins que l'histoire ne s'accélère... ou ne se ralentisse...

Bref...

Ces cycles nouveaux qui s'ouvrent sont, c'est ma conviction, soumis à un déterminisme de durée (ce sont les temps et fréquences propres des systèmes respectivement paradigmatiques et civilisationnels), mais aucunement à un quelconque déterminisme de contenu. C'est en cela que la période que nous vivons est déterminante car ce sont nos générations, maintenant, qui donneront l'impulsion originelle (les conditions initiales) sur laquelle toute la suite se construira. La responsabilité n'est pas mince ! Aussi, faisons le bilan de notre passé. Sans concession.

La Modernité s'achève et avec elle l'ordre chrétien : quel déficit laissent-ils derrière eux ?

Un immense déficit de Vie ! Un vide de Vie.

Tant extérieur qu'intérieur.

Déficit extérieur de Vie...

La Terre est exsangue, saignée à blanc, couturée de plaies béantes, de miasmes purulents, de moignons sanglants. La Modernité l'a martyrisée tant et si longtemps, qu'elle en meurt dans nos bras, maintenant. Il est peut-être déjà trop tard. Il n'y a peut-être plus rien à faire pour la sauver. Mais il faut tout faire d'urgence pour tenter de lui redonner le goût de guérir et de vivre. La Modernité et la Chrétienté laissent une Terre dont la Vie part, dont la Vie manque, dont la Vie s'échappe. Il faut donc combler ce déficit de Vie et resacraliser la Nature. Ce sera le rôle majeur de la culture panthéiste qui est, déjà, en train de submerger les anciennes croyances monothéistes.

Déficit intérieur de Vie...

Mais au-dedans de nous, de nos âmes, de nos existences, s'est également installé un immense déficit de Vie. Nous avons été dénaturés ; mais nous avons aussi été dévitalisés. Nous existons, mais vivons-nous ?

Avons-nous envie de continuer à travailler trop, pour gagner de l'argent, pour acheter des produits, souvent minables et inutiles ?

Avons-nous envie de continuer à traîner en nous le boulet noir de l'angoisse permanente de manquer ou de perdre ; de manquer de tout, surtout du superflu ; de perdre : notre emploi, notre retraite, nos économies, notre confort, notre toutou, notre conjoint, notre réputation...

Avons-nous envie de continuer à vivre sous le poids de cette tyrannie de la possession ?

Avons-nous envie d'être encore perpétuellement torturés par la peur de la souffrance, de la vieillesse et de la mort ?

Avons-nous envie d'encore vivre longtemps dans cet immense vide spirituel qui nous ronge et qui n'offre aucun sens à nos vies pourtant si courtes ?

Si, à toutes ces questions, la réponse est négative, alors, ami lecteur, il est temps de passer au chapitre suivant...

La téléologie qui triomphe : après le progrès, la joie de vivre

L'eudémonisme sera le cœur battant de l'ère qui s'ouvre aujourd'hui. L'eudémonisme, pas l'hédonisme, n'en déplaise à Michel Onfray, car l'hédonisme n'est que la recherche du plaisir ; du plaisir, pas du bonheur, pas de la joie ; seulement du plaisir qui toujours est à la fois éphémère, léger, futile et insatisfaisant.

L'eudémonisme, au sens étymologique, c'est la philosophie du « bon génie » ou, mieux, la philosophie du génie du bon : le génie d'engendrer, à chaque instant, ce qu'il y a de meilleur.

Engendrer à chaque instant, dans chaque geste, dans chaque parole, dans chaque pensée, ce qu'il y a de meilleur à faire, à dire et à penser.

Accomplir le meilleur accomplissable. Et en éprouver une joie totale, incandescente, perpétuelle.

Car accomplissement et joie vont de pair : la joie est à la fois l'expression et la conséquence de l'accomplissement. Spinoza l'a suffisamment démontré. Nietzsche ne l'a pas assez compris, lui pour qui le tragique était au centre de toute existence, au centre de l'existence, de l'étant, au centre de sa métaphysique (cf. *Nietzsche. Prophète du 3ème millénaire ?*, Marc Halévy, Oxus, 2013). Bref. Une triade s'affirme : eudémonisme, accomplissement, joie. Elle a la personne pour centre.

Le progrès, pour la Modernité, était un idéal surtout collectif qui, s'il le fallait – et il le fallut souvent et beaucoup – impliquait le sacrifice de soi, de l'individu, de la personne. Au fond, la Modernité a toujours détesté l'individu, quoi qu'on ait pu en prétendre.

L'eudémonisme sera la revanche de la personne enfin revenue au centre d'elle-même, de *son* monde propre.

Car chacun vit au centre de *son* monde spatiotemporel. Chacun vit pour combler *son* monde propre car *son* monde le fait émerger, le nourrit, le forme, et chacun, en retour, enrichit *son* propre monde.

Le monde propre de chacun est la part d'univers en relation avec lui. Ainsi, l'univers, pris comme un tout, est un enchevêtrement inextricable de mondes propres.

Chaque monde propre est plus ou moins grand (dans l'espace), ou profond (dans le temps), ou riche (en ressources), ou actif (dynamiquement), ou intelligent (culturellement). Le monde propre de chacun évolue au cours du temps. Il se transmet, au moins partiellement, aux mondes qui lui sont connexes.

L'amour est la compénétration de deux mondes qui, à l'extrême, n'en forment plus qu'un seul.

L'eudémonisme n'est, au fond, que la quête permanente de l'accomplissement, du perfectionnement, de l'embellissement de ce monde dont on est le centre unique et éternel. Il ne s'agit nullement d'égoïsme ou d'individualisme comme le prétendront les esprits chagrins. Il ne s'agit nullement d'accomplir *son* monde contre les autres et leur monde ; il s'agit d'accomplir son monde propre dans le cadre de cet enchevêtrement universel déjà mentionné, donc de le parfaire en harmonie avec les mondes connexes, en synergie et syntonie avec eux. Où sont l'égoïsme et l'individualisme, là-dedans ? Le soin de poser chacun au vrai centre de son monde propre ne le promeut nullement, ni en fait, ni en droit, ni en intention, comme centre de l'univers. Il y a là bien plus qu'un jeu de mots ou qu'une nuance sémantique.

Comme vous, je suis le centre unique et absolu de mon propre monde, plongé dans un bain de connexité et d'interpénétration avec des myriades d'autres mondes ayant chacun un centre autre que moi, dans un univers qui les englobe et les transcende tous.

L'eudémonisme intègre, respecte et travaille ces multitudes de connexions, mais sans jamais oublier qui est le centre de ce monde-ci qui est le mien.

Chacun d'entre nous est au centre géométrique et mystique d'un monde (son territoire), d'une mémoire (son idiosyncrasie) et d'une activité (son existence). L'eudémonisme vise l'atteinte d'une joie de vivre, d'une joie permanente, d'une joie perpétuelle par l'accomplissement, en noblesse et en élégance, de soi par ce monde, par cette mémoire et par cette activité.

Cela s'appelle assumer avec jubilation son propre destin.

Cela s'appelle trouver et occuper joyeusement sa juste place dans l'univers, son lieu propre, son lieu naturel comme l'appelait Aristote.

Face à ce destin, la liberté ne capitule pas. Au contraire, elle prend sens. La liberté n'est pas le caprice puéril du : « Je fais ce que je veux, quand je veux. » Nietzsche demandait :

« La liberté, oui, mais pour quoi faire ? » L'eudémonisme répond : pour accomplir mon destin, librement, en connaissance de cause et, par suite, pour en vivre toute la joie immense.

On est toujours libre de refuser son destin, de passer à côté de sa vie, de se retrouver « âme errante » dans un monde hostile où l'on n'a plus de place. Combien n'en voit-on pas vagabonder dans une vie qui n'est pas la leur, de ces âmes errantes qui se croient libres et qui ne sont qu'à côté d'elles-mêmes, dans le vide du non-sens ?

Il fallait souffrir du strabisme d'un Sartre pour ne pas voir que la liberté est dans le destin, et non contre lui ou à côté de lui.

Curieux ce refus du destin chez ce cher Jean-Paul, neveu d'Albert Schweitzer (sa cousine est la mère de Sartre), qui, dès ses premiers âges, a toujours ressenti qu'il était promis à une célébrité... sans modestie ; célébrité pour laquelle, au bras d'une Simone de Beauvoir aussi ambitieuse et retorse que lui, il a tout sacrifié, y compris sa vérité et son honneur.

L'existence ne paraît absurde qu'à celui qui ne comprend pas qu'elle ne prend sens qu'au service d'une mission qui le dépasse infiniment.

Ce n'est pas le destin qui est au service de celui qui le porte, au contraire, c'est celui-ci qui est au service d'un destin qui le dépasse infiniment et dont il n'est qu'une manifestation passagère, éphémère et superficielle.

Car, au centre de chaque monde, de chaque mémoire, de chaque activité, c'est un destin qui vit et s'accomplit.

Et la joie que recherche l'eudémonisme naît de l'accomplissement de ce destin, et de cela seulement.

Que l'on y prenne garde : la joie n'est ni le plaisir, ni le bonheur, on le sait. La joie contient du bonheur et du plaisir, ô combien, mais ne s'y réduit jamais. La Modernité avait fait du plaisir (celui du *panem et circenses*, celui du McDo et du foot, celui de l'hypermarché et du spectacle) un leurre et faisait passer l'ersatz pour l'essentiel, jusqu'à l'assuétude.

L'ère qui commence devra se prémunir contre ces mensonges-là, contre ces manipulations-là, contre ces entourloupes-là.

Concrètement, cet eudémonisme, que je place tout au centre du nouveau paradigme qui émerge dans l'après-modernité, vise en tout la qualité de la vie, dans toutes ses dimensions.

Il vise l'excellence, la noblesse, l'élégance, la frugalité, la simplicité, la fécondité, la lucidité, l'utilité. Il vise à nous désencombrer l'existence de tous ces superflus, de toutes ces frivolités, de toutes ces futilités, de tous ces leurres que l'on nous a fait prendre, pendant si longtemps, pour des signes de la « vraie » vie.

Les turbulences actuelles de la transition

3

Dans cette troisième partie, sans pour autant faire de prévisions (comme ces économistes dont le seul métier est de se tromper) ou de prédiction (à la Madame Irma), nous essayerons de discerner et de décrire, pour le moyen terme des dix ou quinze années qui viennent, les possibles et les impossibles les plus probables.

Un mot de méthodologie s'impose.

Pourquoi les prévisionnistes économistes se trompent-ils toujours ? Pour quatre raisons majeures qui sont très liées entre elles.

La première est d'appliquer à l'économie des méthodes mathématiques qui ont fait la gloire de la physique théorique des systèmes mécaniques, mais qui sont totalement inadéquates pour des systèmes hypercomplexes comme le système socioéconomique.La deuxième est que leurs « équations » économiques ne prennent en compte, par définition, que des grandeurs quantitatives alors que le qualitatif et l'irrationnel jouent un rôle majeur dans les comportements tant des ménages et des entreprises que des institutions ; ne serait-ce que pour la raison évidente que les ménages et les institutions, surtout, ne poursuivent pas *que* des buts économiques rationnels.

La troisième raison est que, pour un économiste, la notion de richesse est toujours synonyme de richesse matérielle et monétaire. Il ne tiendra donc pas compte de ces autres richesses qui aujourd'hui deviennent déterminantes et stratégiques dans les bilans réels des ménages, entreprises et institutions : la richesse intellectuelle et culturelle... la richesse des talents, des intelligences, des savoir-faire, des connaissances, des comportements... la richesse en ambiance, en plaisir, en joie...

La quatrième raison est liée à la complexité même du système socioéconomique où tout est dans tout, où tout est cause et effet de tout, où partout s'installent des boucles de rétroactions, des effets de mémoire et d'apprentissage, qui impriment un caractère fortement non linéaire (donc non déterministe) à tous les modèles qui se voudraient sérieux.

Au contraire de ces économistes « scientistes », les prospectivistes professionnels sérieux – comme essaie de l'être celui qui écrit ces lignes – sont modestes. Ils ne prétendent nullement prédire l'avenir ; pour la simple et bonne raison que, dans les univers complexes, l'avenir n'est jamais prédictible. Les systèmes socioéconomiques ne sont pas des mécaniques déterministes soumises à des lois universelles et invariantes. Cette vision mécaniciste est totalement erronée. Le système socioéconomique est un organisme vivant, partie intégrante d'un autre organisme vivant plus grand (l'anthroposphère, la biosphère) et composé de certaines parmi les milliards de milliards d'interrelations et interactions entre d'autres organismes vivants hypercomplexes : vous et moi, nos entreprises, nos ménages, nos institutions !

Alors, comment procédons-nous dans ce beau métier de la prospective ?

Comment peut-on parler de l'avenir d'un système largement imprédictible ? Que peut-on en dire qui ne relève ni du phantasme, ni de la science-fiction, ni de l'idéologie ? D'emblée, annonçons la couleur : la prospective n'est pas, ni ne prétend être, une science exacte (comme le font croire, pour leur discipline, les économistes et autres prévisionnistes financiers ou boursiers). Elle est un art qui tente de poser les « bonnes » questions et d'y apporter les meilleurs éléments de réponse, sachant que chacun prendra ses décisions de vie en y intégrant une foule d'autres éléments non prospectifs.

Le travail de prospective repose sur quatre axes :

– l'observation fine des signaux faibles, c'est-à-dire de tous ces minuscules germes d'avenir qui émergent un peu partout dans le présent et qui passent inaperçus au travers des mailles trop grosses des grilles statistiques, officielles[12] ou pas ;

---

12 Profitons de l'occasion pour dire tout le mal qu'il faut penser des statistiques, enquêtes, sondages et autres billevesées, qui ne sont que des tautologies, au mieux, et des manipulations, au pis, et qui n'expriment rien d'autre que ce que leurs questions et définitions présupposent. Ainsi le taux de chômage qui n'exprime que le poids de la définition administrative du chômeur. Alors qu'en France, on affiche un taux de chômage de l'ordre de 10 %, le taux d'inemploi réel oscille entre 17 et 20 % : chiffres politiquement incorrects… surtout sous une gouvernance socialiste.

– l'étude des corrélations entre ces signaux faibles, qui, si elles sont avérées, peuvent indiquer des tendances lourdes en émergence ;

– l'application de l'adage : « Tout ce qui n'est pas impossible est possible », qui stimule le prospectiviste à dire plutôt ce que l'avenir ne sera pas qu'à prédire ce qu'il sera[13]. On pourrait presque parler d'une approche apophatique du futur ;

– le recours permanent à l'Histoire qui, au fond, est notre seul laboratoire ; on le sait, l'Histoire ne se répète jamais tout à fait, mais cela n'empêche nullement de découvrir, dans la chair même de l'Histoire, des invariants, des cyclicités, des rythmes, des structures qui aident à comprendre le présent et à en induire des possibles et des impossibles pour l'avenir.

13 Comme d'affirmer, tout au long du présent ouvrage, que la Modernité est irréversiblement en phase terminale et que sa « relance » relève du plus pur phantasme morbide et délétère.

La « chape de plomb »

Les paragraphes qui suivent introduiront, développeront et tireront les conséquences d'un mécanisme pernicieux mais bien connu : la chape de plomb.

Pour comprendre ce mécanisme, essayons de comprendre les enjeux de la bifurcation, de la mutation paradigmatique que nous vivons.

D'un côté, dès la Renaissance italienne, la Modernité, en réaction contre la féodalité et la mainmise de l'Église catholique sur la Vie, a instauré un nouveau paradigme. Humanisme, rationalisme, criticisme, scientisme et psychologisme en ont été les phases successives en termes philosophiques.

Très vite, comme tout paradigme émergent, la Modernité a posé et placé des institutions pour porter ses espoirs, ses principes et ses pratiques. Ces institutions basales sont : l'État (national et central, d'abord royal puis républicain), la Banque (centrale, de dépôts et crédit, d'affaires), la Bourse (des matières ou des valeurs), l'Université (et les grandes écoles), le Syndicat (d'abord patronal, puis ouvrier). Ces cinq institutions formaient les piliers d'un paradigme moderne qui prônait la religion du progrès par la libération et de la libération par le progrès. Et toutes les idéologies qui en jaillirent n'eurent, au fond, qu'un seul but, répartir le pouvoir collectif entre ces cinq institutions, et soumettre les institutions faibles aux institutions dominantes.

Ainsi, le Socialisme s'appuie sur les Universités pour hypertrophier les pouvoirs de l'État central et contenter (mais pas trop) les Syndicats ouvriers, en affaiblissant les puissances de la Bourse, des Banques et des Syndicats patronaux. Le Libéralisme vise l'exact inverse. Le Conservatisme cherche à renforcer l'État, la Bourse et les Syndicats patronaux (sous la coupe des grandes entreprises cotées en Bourse et au détriment des PME) contre les Universités, les Syndicats ouvriers et, parfois, les Banques. Etc. Toutes les combinaisons sont possibles. Mais ce ne sont pas ces combinaisons idéologiques qui importent, mais leur infrastructure basale : les cinq institutions fondamentales de la Modernité.

Le déclin et la prochaine disparition de la Modernité signifient, surtout, le déclin et la prochaine disparition de ses cinq institutions fondatrices : l'État, l'Université, la Bourse, la Banque et les Syndicats... et donc de *toutes* les idéologies qui en découlent.

De l'autre côté, dès le XIXe siècle, face aux dégâts et échecs liés, déjà, au démocratisme, au scientisme, à l'industrialisme, à l'étatisme, etc., des voix ont commencé de s'élever contre la Modernité. On pense à Schopenhauer et à Nietzsche, bien sûr, aux romantiques allemands (Schelling, Novalis, Schlegel) ou français (Chateaubriand et le jeune Hugo). Les mythes de « la révolution française » et de « l'épopée napoléonienne » ne font plus rêver que le socialiste Michelet qui les inventa, en grande partie.

Le colonialisme, le nationalisme et l'antisémitisme gangrènent la fin du XIXe siècle, jusqu'à l'irréparable : la « grande guerre » de 14-18, une boucherie infâme, absurde, inutile, causée par les orgueils délirants d'idéologues, de potentats et de gouvernements débiles, au total mépris de la vie de millions de jeunes hommes. Bref.

Dès après cette tuerie, la contestation des normes et principes de la Modernité et de ses institutions s'accélère en parallèle avec l'accélération du déclin de cette même Modernité (crash de 1929 ; montée des socialismes totalitaires en Allemagne, en Italie, en Russie, puis en Chine ; seconde guerre mondiale, troisième guerre mondiale dite « froide » ; pillage apocalyptique de la Nature et du tiers-monde ; financiarisation délétère de l'économie ; quatrième guerre mondiale dite des « monnaies », etc.).

La contestation des normes de la Modernité touche d'abord (entre 1918 et 1929) les sciences physiques (relativistes et quantiques) et les arts (cubisme, abstraction, modernisme, dadaïsme, surréalisme, dodécaphonisme, atonalisme, etc.). La jeunesse suivit le mouvement : les zazous, la *beat generation*, les hippies, mai 68, les punks, le rap, etc.

Mais les institutions tinrent bon, vaille que vaille. Daniel Cohn-Bendit disait à Charles de Gaulle : « La chienlit, c'est lui ! », mais le grand Charles ne l'a pas cru. Et pourtant...

Bref : depuis la fin du XIXe siècle, on voit bien le déclin de la trajectoire moderniste et la montée en puissance d'un nouveau paradigme.

Le croquis ci-après schématise les choses et montre la mutation paradigmatique, c'est-à-dire le moment où le nouveau paradigme supplante l'ancien qui, lui, se marginalise sans jamais tout à fait disparaître (comme la Modernité n'a pas fait disparaître totalement bon nombre de pratiques et d'éléments féodaux...).

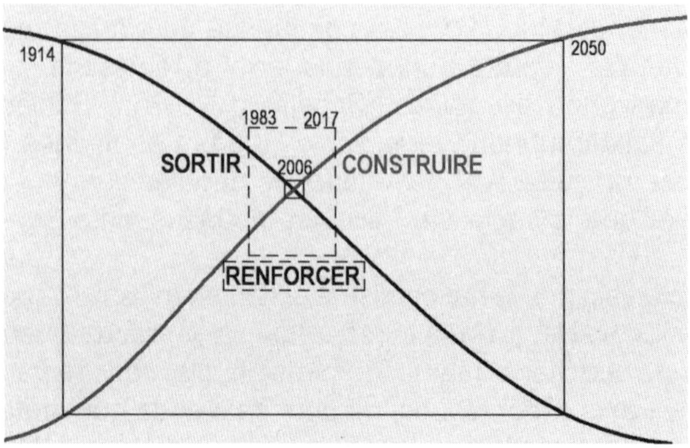

Ce schéma indique quelques repères temporels qui ne sont que symboliques, mais qui permettent de situer l'ampleur des phénomènes dans leur historicité.

1914 : la première guerre mondiale signe le début du déclin de la Modernité.

1983 : la prolifération des ordinateurs personnels accélère la montée en puissance du nouveau paradigme.

2006 : le pic pétrolier est franchi et officialise le passage à la logique de pénurie des ressources mondiales.

2017 : le dernier soldat américain en faction en Europe quittera l'Allemagne, et l'Écosse (suivie peut-être par le Québec) fera sécession du Commonwealth et rejoindra l'Union européenne ; ces deux faits entérinent la fin des impérialismes américains (la logique de Yalta) et anglais.

2050 : il faut plus d'un siècle pour rétablir l'homéostasie socioéconomique, depuis la grande rupture de 1914.

Le schéma montre aussi que, contrairement à ce que prétendent les inepties des institutions modernes, il n'y aura jamais de relance (le déclin est un phénomène entropique irréversible) et la zone de grandes turbulences perdurera au moins jusqu'en 2020 (plutôt jusqu'en 2025 du fait de la chape de plomb, précisément).

Il montre aussi que, vu avec les lunettes de l'ancien paradigme, on peut gaillardement être optimiste quant à l'avenir de son pessimisme. Mais que vu avec les lunettes du nouveau paradigme, notre époque a la chance inouïe (cela n'arrive qu'une fois tous les cinq cents ans) de pouvoir inventer un nouveau monde, une nouvelle manière de vivre, de nouvelles valeurs, de nouvelles pratiques socioéconomiques, sociétales, politiques, institutionnelles, etc. L'imagination est enfin au pouvoir !

Mais pour passer de la courbe déclinante à la courbe montante, rien ne sera facile, rien ne se passera sans douleur. Il convient que chaque entité socioéconomique (individus, ménages, entreprises) sorte de la logique passée (celle des institutions modernes), se renforce dans ses potentialités d'avenir et se construise au sein du paradigme émergent dont les normes, valeurs et institutions restent encore largement à inventer.

Les résistances du monde ancien

Soyons parfaitement lucides : jamais les institutions de pouvoir de la Modernité n'accepteront de renoncer à leur logique ancienne et obsolète. C'est une constante dans l'histoire des hommes : les institutions meurent avec le paradigme qui les a créées, et elles ne meurent jamais sans résister avec l'énergie du désespoir, c'est-à-dire en déployant tout leur pouvoir de nuisance.

C'est ce déploiement que l'on appelle la « chape de plomb ». Elle a un double effet.

Celui de permettre à l'ancien paradigme de financer son propre acharnement thérapeutique et de différer (à quel prix !) son agonie finale.

Celui d'empêcher le nouveau paradigme de prendre le pouvoir en posant un couvercle de plomb où il se cogne le crâne chaque fois qu'il tente de s'imposer[14].

Le schéma ci-dessous illustre les effets de la chape de plomb.

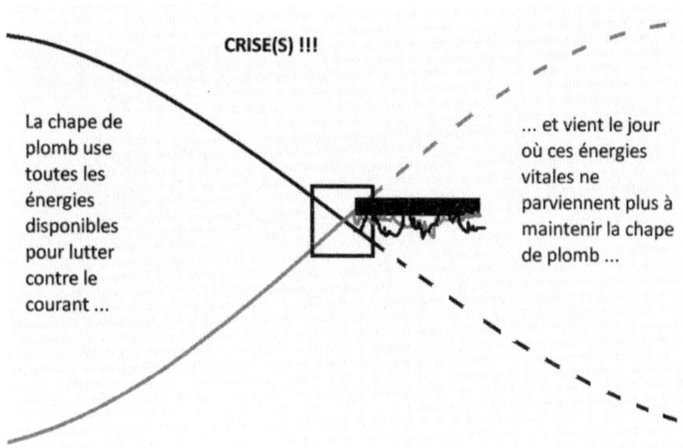

Les institutions modernes – comme toutes les institutions au pouvoir lors des paradigmes précédents – se tiennent et soutiennent entre elles. Elles sont solidaires.

---

14 L'absurde loi HADOPI, en France, est un bel exemple de cette tentative de l'État (une des cinq institutions obsolètes) pour prendre le pouvoir dans un territoire typique et central du nouveau paradigme (la Toile).

Syndicats ouvriers et patronaux (les grandes entreprises cotées en Bourse et soutenues par l'État), comme leurs ennemis-amis banquiers ou boursiers, n'ont aucun intérêt à voir le capitalisme spéculatif s'effondrer en faveur d'un nouveau capitalisme entrepreneurial.

L'État et les Syndicats patronaux n'ont aucun intérêt à voir exploser en vol les Syndicats ouvriers institutionnalisés, bien qu'ils ne représentent plus personne qu'eux-mêmes.

L'État, la Bourse et la Banque n'ont aucun intérêt à ce que les PME – ces entreprises méprisées et dédaignées qui créent tous les emplois, toutes les richesses réelles et toutes les innovations – se coalisent et se révoltent contre la tyrannie des grandes entreprises qui, elles, ne visent que leurs profits immédiats et spéculatifs... mais qui financent le « système » électoraliste (pas si bête !).

Ces exemples le montrent, les institutions forment bloc, quelles que soient leurs antinomies idéologiques ou politiques. Pour qu'elles puissent survivre, il *faut* que le système tienne, que l'ancien paradigme perdure. Et elles sont prêtes à toutes les compromissions, même les plus viles, à tous les arrangements, même contre-nature, à toutes les arnaques, même violentes, pour qu'il en soit ainsi. Il y a tellement de privilèges et de prébendes en jeu !

Ces institutions ne garantissent pas l'avenir, ne construisent pas l'avenir, ne facilitent pas l'avenir : elles l'empêchent de naître !

Au sens propre de ces termes, qu'elles soient de gauche ou de droite ou d'ailleurs, ces institutions modernistes sont toutes réactionnaires, passéistes, conservatrices. Elles vivent d'une logique et pour une logique qui est obsolète, qui meurt, qui disparaît. Elles sont donc ennemies jurées du nouveau paradigme émergent. Et, non seulement elles ne feront rien pour l'aider à grandir, mais elles feront tout pour le combattre. Les naïfs qui appellent de leur vœu l'État (et les partis politiques qui l'alimentent) pour faire sortir le système socioéconomique de ses dangereux enlisements se trompent du tout au tout. L'État ne fera rien en ce sens. Tout au contraire. Il refusera, jusqu'au bout, de scier la branche pourrie sur laquelle il se tient assis.

Et il en va exactement de même pour la Bourse, la Banque, l'Université et les Syndicats patronaux et ouvriers.

Le cas des Universités françaises est, à ce titre, flagrant. Ces institutions sont exsangues. L'État lâche leur financement, peu à peu. Elles deviennent les poubelles du savoir. Sont assimilées à l'Université des écoles de bac plus trois qu'ailleurs on appelle des écoles techniques de bas niveau. Tout sauf un niveau universitaire digne de ce nom. Les Universités françaises, gangrenées de gauchisme, se sont enfermées dans des oxymores létaux : celui de l'égalitarisme élitaire, celui du démocratisme autoritaire, celui de la démonétisation budgétaire.

Ces Universités, devenues médiocres et gauchisantes, s'accrochent, pourtant, à des montagnes de privilèges, de protocoles, de titres ronflants et de prés carrés absurdes.

Plutôt que de s'ouvrir (vers le haut et non vers le bas comme elles le font aujourd'hui en mendiant aux basques de l'État) aux mondes d'excellences et de savoirs, de recherches et de connaissances de l'univers privé, elles s'enferment dans un bureaucratisme et un fonctionnarisme aussi répugnants qu'inefficaces. Le savoir s'y partage, mais entre soi, pas sur la Toile. La recherche ? Oui, mais à la condition de n'être pas « souillée » par de l'argent privé. Mieux vaut pas de recherche de bon niveau, mais avec de l'argent public, que de la belle recherche avec de l'argent privé. Oui, mais voilà : de l'argent public, il n'y en a plus et le contribuable en a plus qu'assez de se faire racketter par Bercy.

Rien n'y fait ! L'Université française, comme le capitaine du Titanic, coulera avec le bateau.

Le financement de l'acharnement thérapeutique

Les cinq institutions de la Modernité ont mis en place une chape de plomb. Celle-ci empêche la nouvelle logique de percer et met l'ancienne logique sous perfusion pour faire croire qu'elle vit encore et qu'elle pourrait avoir un avenir.

Ce mécanisme s'appuie sur la vieille théorie keynésienne de l'interventionnisme étatique pour « relancer » la machine économique : les « aides » de l'État aux grosses entreprises, par des primes, des commandes pharaoniques ou des subsidiations diverses, sont censées doper l'offre en relançant la consommation et/ou en créant des emplois.

Au paroxysme de la crise des *subprimes*, l'alliance sacrée des institutions modernistes a joué immédiatement : « sauvetage » des banques par de l'argent public, « primes à la casse » pour favoriser la consommation automobile, facilitation du crédit à la consommation via la grande distribution, stimulation à l'embauche, etc. Échecs sur toute la ligne !

Les banques ont empoché l'argent public et n'ont, en rien, pris leur leçon : sûres, à présent, de l'impunité et du sauvetage par l'État en cas de nouveaux pépins, elles continuent, comme jamais, de jouer à la spéculation financière avec l'argent des épargnants... mais sans plus rétribuer l'épargne.

L'industrie automobile, qui croyait faire des choux gras, n'a jamais vu ses ventes baisser autant que ces trois dernières années : elle n'a toujours pas compris qu'un nouveau monde s'installe où l'automobile n'est plus un symbole de réussite sociale, mais une saloperie de machine à se déplacer – de moins en moins – qui coûte toujours trop cher et qui n'offre aucun intérêt : une caisse à savon ferait aussi bien l'affaire.

La grande distribution est en berne et le panier de la ménagère ne cesse de maigrir depuis que les masses ont bien compris que leur pouvoir d'achat est condamné à diminuer.

Quant à la création d'emploi, elle s'est muée en création d'inemploi : le taux officiel de chômage n'a cessé de grimper et flirte avec les 10 % alors que le taux réel d'inemploi officiel, en France, se situe aux alentours de 17 % (il est de 22 % aux États-Unis, de 31 % en Espagne, etc.). Et il va continuer d'augmenter pour se stabiliser aux environs de 25 % (40 % chez les jeunes, probablement). Ces chiffres ne tiennent évidemment pas compte du travail « au noir » qui ne cesse de se développer.

Les économistes n'ont toujours pas compris que l'économie officielle, celle des PIB et des déclarations d'impôt, ne représente qu'une part de l'économie totale. Hors cette économie officielle, se développent les économies « mafieuses » (tous les trafics illicites), « pirates » (travail au noir, « tombés du camion », dessous-de-table, copies illégales, etc.) et « démonétisées » (bénévolats, trocs, monnaies privées, autoproduction, services rendus, etc.).

À l'échelle mondiale, l'économie officielle ne représente qu'un sixième de cette économie totale (deux exemples : 90 % des travailleurs indiens sont payés au noir et 75 % des entreprises de l'Amérique hispanique n'existent pas selon les critères du FMI). En France, l'économie officielle ne représente, en gros, que la moitié de l'économie totale.

De plus, les économistes semblent ignorer que, lors d'une crise majeure et durable (comme ce fut le cas entre 1939 et 1945), l'économie officielle se vide au profit des économies parallèles (marché noir, débrouille, entraide, trafics).

Ils ne comprennent dès lors pas bien que tous les indicateurs officiels de l'économie officielle n'indiquent rien du tout.

Mais revenons à la solidarité des institutions et à la mise sous perfusion du système moderniste. Cet acharnement thérapeutique, on le voit bien, revient à arroser du sable. Il coûte une fortune. En dernier ressort, ce sont les États qui le financent. Comment font-ils ? Ils possèdent trois moyens de financement : l'endettement, l'impôt et la planche à billets. Voyons-les un à un...

L'endettement des États passe, bien entendu, par les banques qui, ainsi, n'ont aucune difficulté à jouer à : « Je te tiens, tu me tiens par la barbichette »... Voilà de quoi renforcer les alliances et les solidarités entre politique et finance, même lorsque le vent souffle à gauche. Mais pour qu'il puisse y avoir prêts aux États, encore faut-il remplir deux conditions : qu'il y ait de l'argent disponible et que le service de la dette soit payé par les débiteurs (les États, en l'occurrence).

En bonne logique, dans une économie saine, la masse monétaire en circulation doit être proportionnelle à la quantité de travail réel presté et à la production réelle de valeurs réelles ; or, ces deux grandeurs sont partout en nette diminution (chômage et diminution des temps de travail, d'une part, et, d'autre part, récession généralisée sur l'économie réelle... masquée par les résultats encore faramineux de l'économie spéculative). De plus, les États endettés sont tous en quasi-situation de faillite et de cessation de paiement, vendant, à l'encan, tous les « bijoux de famille » (notamment par des vagues de *sale and lease back* sur les bâtiments publics) et/ou négociant des rééchelonnements de la dette, ce qui, en clair, signifie : payer moins chaque année, mais payer beaucoup plus longtemps.

L'impôt... Trop d'impôt tue l'impôt, dit-on. Il est vrai que la situation est infernale, surtout en France où, lorsque l'entreprise paie 3 pour un salarié, celui-ci touche 2 en brut et ne garde que 1 en net. La différence entre ce 3 et ce 1, soit 2, est empochée directement ou indirectement par l'État aux titres de sécurité sociale, de caisse des pensions et d'impôts. Il y a belle lurette que la Sécurité sociale se complaît dans des déficits abyssaux et que les caisses de pensions ont été vidées par l'État pour financer ses propres besoins.

Face à cet impôt et tant d'autres, et hors la naïve stupidité de faire appel à « l'esprit citoyen », la majorité des contribuables a trois possibilités : l'évasion fiscale (voire le changement de nationalité vers des pays moins gourmands), la diminution des revenus officiels (travailler moins ou travailler au noir) et/ou dépenser le plus possible – à crédit – en visant l'insolvabilité.

Bref, l'impôt ne tue pas seulement l'impôt, il tue l'économie réelle.

Depuis longtemps – même la Bible hébraïque en atteste –, on sait que le maximum total d'impôts (direct et indirect) acceptable et tolérable ne peut excéder le cinquième du revenu. Nous avons déjà dépassé dix fois cette limite (rien que la TVA est déjà à ce niveau de 20 %).

Reste donc la planche à billets, la très grande spécialité américaine. Lorsque l'économie réelle est en croissance, il faut que la masse monétaire en circulation suive. Il faut donc émettre de la monnaie au même rythme que cette croissance avérée.

Les États-Unis ont parfaitement compris cette règle et l'ont mise systématiquement en application depuis les accords de Bretton

Woods en 1944, lorsque a été décidé le financement par les États-Unis du plan Marshall de reconstruction rapide de l'Europe de l'Ouest. Le coup de génie a été atteint avec l'obligation faite à tous les pays producteurs de pétrole de libeller leurs factures en dollars exclusivement. La croissance de la consommation et des prix pétroliers exigeait donc de l'émission de billets verts *sans que l'économie réelle américaine doive croître pour autant*. Le dollar et, par suite, toute l'économie américaine n'existèrent plus que par l'or noir et ses pétrodollars. On comprend que l'Oncle Sam n'ait pas accepté les décisions prises par le Koweït, l'Irak ou l'Iran, mais aussi le Venezuela et d'autres, de contrevenir à la sacro-sainte règle du « pétrole contre dollar » pour lui préférer l'autre règle du « pétrole contre tout ce que l'on veut *sauf* du dollar ».

Dans cette logique, la Chine, gros exportateur comme l'on sait, a libellé ses factures en dollars US pendant des décennies, suite aux accords passés avec Nixon dès 1983. Ces dollars se sont accumulés dans les caisses chinoises qui ont pu, en retour, masquer la décrépitude économique américaine en achetant des bons du trésors à tire-larigot et en prêtant leurs dollars au système bancaire américain, donc, en somme, en finançant les ménages américains surendettés et hyper-consommateurs. Mais aujourd'hui, la Chine n'en veut plus, de ces dollars qui ne valent plus rien. Et elle libelle un grand nombre de ses factures en d'autres monnaies, dont l'euro (ce qui explique pourquoi l'Europe doit absolument éviter de recourir à la planche à billets).

Tout cela conduit, aujourd'hui, à constater une quatrième guerre mondiale, celle des monnaies, dont l'enjeu est de créer une nouvelle monnaie internationale de référence qui ne sera plus jamais le dollar US puisque celui-ci n'est adossé que sur des productions pétrolières qui diminuent, que sur du commerce international qui ne veut plus de lui et que sur une économie spéculative délirante qui ne parvient plus à cacher la misère de l'économie réelle des États-Unis (dont la balance des paiements s'effondre).

Ces trois moyens qu'utilisent les États pour tenter, vainement, de sauver le système socioéconomique de la Modernité tuent l'économie réelle au profit des indicateurs artificiels de richesse. Qui produit, aujourd'hui, la richesse réelle ? Qui crée les produits et emplois de demain ? Les PME. Qui paie le plus d'impôt ? Qui voit ses coûts du travail exploser ? Qui se fait laminer par de gros donneurs d'ordre favorisés par l'État ? Les PME.

Mais de qui parle-t-on dans les journaux et magazines économiques ? Du CAC 40. Mais qui sont les patrons que l'on qualifie de « grands » alors qu'ils ne sont pas capables de créer et de gérer une épicerie de quartier ? Ceux du CAC 40.

On oublie qu'en sus du fait que l'économie officielle ne « pèse » qu'un sixième de l'économie mondiale, les sociétés cotées en Bourse ne « pèsent » que le dixième de cette économie officielle, donc un soixantième de l'économie totale mondiale, donc... rien !

Et tout cela pour quoi ? Pour faire briller des indicateurs qui, rappelons-le, n'indiquent rien : PIB, taux de chômage, pouvoir d'achat moyen, compétitivité (la tarte à la crème la plus débile qui soit, j'y reviendrai), etc.

La compétitivité, revenons-y. Qu'est-ce que ce mot ? Le terme est typique de la philosophie de la Modernité tout entière imbibée de darwinisme : la guerre de tous contre tous, l'homme qui est un loup pour l'homme, la concurrence acharnée, la lutte pour la vie, l'obsession des hit-parades... Que signifie la « compétitivité » ? Rien. Pour les grosses entreprises, elle permet d'expliquer pourquoi elles délocalisent. Pour les gros exportateurs, elle permet de se plaindre de la cotation « trop élevée » de l'euro par rapport au dollar. Pour les syndicats, elle permet de réclamer de meilleurs prix (traduisons : tout moins cher et de plus mauvaise qualité), de meilleurs salaires (pour les fonctionnaires et les autres parasites puisqu'il n'y a plus qu'eux à être syndiqués) et moins de travail (les 35 heures et la retraite à 58 ans).

Dans le cadre d'une mosaïque d'économies de proximité et de marchés locaux, cette notion de compétitivité globale et nationale est simplement absurde. Mais combien de crimes ne commet-on pas en son nom ?

Ces commentaires un peu techniques et un peu longs, sans doute, aboutissent à cette conclusion : les trois moyens qu'ont les États pour financer, au nom des sacro-saints « indicateurs macroéconomiques », l'acharnement thérapeutique sur la logique moderniste moribonde ont atteint leur limite et ne pourront que décroître... comme le reste.

L'endettement souverain qui soutient la chape de plomb pour financer la mise sous perfusion des systèmes bancaires, boursiers et industriels a atteint des sommets délétères.

Si l'on appliquait aux États et à leurs dettes souveraines, à leur PIB en berne, à leurs dilapidations d'actifs naturels et patrimoniaux, à la gabegie de leurs assistanats clientélistes et idéologiques, à l'incompétence notoire de leurs dirigeants (qui font carrière électoraliste au mépris total de la réalité et du moyen et long terme), si l'on appliquait, à tout cela, les mêmes critères que ceux que l'on applique, aveuglément, aux entreprises qui se battent, tous les États « développés » seraient déclarés *illico* en faillite.

On le comprend bien, la fin de la chape de plomb est bien proche, parce qu'elle est devenue totalement impayable. La fin du système est proche et plusieurs causes sont au rendez-vous.

Voilà bien le souci du prospectiviste qui doit, quelque part, « prédire » alors que toute prédiction précise (quoi ? quand ? comment ?) est, par définition, impossible !

Que peut-on dire *sérieusement* de l'avenir proche (entre 2013 et 2017, par exemple) ?

On peut dire que la chape de plomb va imploser avant 2017.

On peut dire que cette implosion va enclencher des évolutions notoires et douloureuses dont les scénarii les plus clairs seront étudiés au chapitre suivant.

On peut dire, par métaphore, qu'une vieille machine usée que l'on pousse trop fort claque toujours à l'endroit d'un de ses points les plus faibles.

On peut dire que ces points les plus faibles, aujourd'hui, sont inventoriés – sans garantie d'exhaustivité – dans la liste suivante :

– Le dollar perdant encore 30 % de sa valeur.

– La montée de l'inemploi réel au-delà des 20 % de la population employable.

– La faillite de 40 % des grandes banques surtout américaines (en France, trois ou quatre grandes banques sont dans le collimateur).

– L'effondrement des marchés immobiliers avec 30 % de perte de valeur des biens.

– L'explosion de 30 % des *Hedge Funds*[15].

– La défaillance des *Credit Default Swap* (CDS[16]) pour 60 000 milliards de dollars US au moins (à côté de cela, la « crise » des *subprimes* passera pour de la roupie de sansonnet).

– L'implosion du système des cartes de crédit US pour 1 200 milliards de dollars.

– L'arrêt des financements indirects des États-Unis par la Chine et l'OPEP.

– L'accélération des transferts d'actifs toxiques vers les banques centrales.

– La hausse brutale des taux d'inflation ET de récession partout.

– L'insolvabilité explosive des États (États-Unis, Royaume-Uni, Espagne, Italie... et France si elle continue).

– L'accélération des pénuries (eau douce, terre arable, énergie, métaux non ferreux...)

– La guerre contre l'Iran via Israël, entre Inde et Pakistan, entre les Corées.

– Une pandémie nouvelle, soit touchant les humains, soit touchant les animaux d'élevage (les poissons notamment qui sont une population critique, dangereuse pour tout le système aquatique mondial).

– etc.

Faut-il allonger la liste ? Tout cela arrivera, en désordre, peu ou prou. Mais quand ? Dans les cinq ans qui viennent, très probablement. C'est tout ce que l'on peut dire *sérieusement*.

---

15 Les *Hedge Funds* sont des fonds de placement à risque qui parient gros sur des entreprises prometteuses, qui perdent souvent, mais qui, grâce à ce qu'ils gagnent sur leurs beaux coups, gagnent au total très bien leur vie. Mais il faut qu'il y ait croissance mondiale pour que cette compensation statistique puisse jouer.

16 Les CDS sont des contrats d'assurance contre l'insolvabilité (des ménages, des entreprises, des villes, des États) qui, aux États-Unis, ont deux particularités : les risques acceptés au passif ne doivent pas être « couverts» par des valeurs à l'actif, et l'on peut souscrire une telle assurance, à titre de pari, même si l'on n'est pas créancier. Comme ces contrats sont hautement toxiques, ils ont été titrisés et gangrènent les banques sans qu'elles s'en doutent.

L'après-« chape de plomb »

On vient de le voir : le canon est armé et les gâchettes sont multiples et très sensibles. Le coup peut partir n'importe quand, de n'importe où.

Et lorsque le coup partira, c'est la chape de plomb qui volera en éclats, emportant avec elle tous les dispositifs d'acharnement thérapeutique et de perfusion qui permettent encore aux institutions de la Modernité de survivre.

Encore une fois, deux regards sont possibles : celui de ces institutions via les médias à leur botte (médias qui, eux aussi, sont tous sous perfusion et qui vont imploser dès que l'État et les grosses entreprises devront raboter leurs budgets de subsides, de sponsorings ou de publicités) et celui du nouveau paradigme.

Pour les institutions modernistes et ceux qui en vivent, c'est la catastrophe.

Pour le nouveau paradigme, c'est la libération.

Mais que pourra-t-il bien se passer lorsque cette maudite chape de plomb aura enfin explosé ?

Voyons d'abord les deux scénarii les plus apparemment logiques : celui du rattrapage et celui du ratage.

Le scénario de « rattrapage » est illustré ci-dessous :

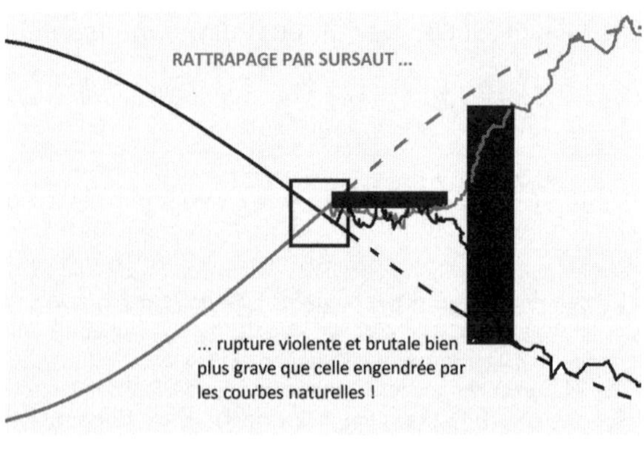

Ce scénario du rattrapage voit la fin de la chape de plomb comme le déclencheur d'un retour des deux tendances antagoniques vers leurs trajectoires naturelles respectives.

L'ancien paradigme s'effondre assez rapidement alors que le nouveau paradigme, enfin libéré, monte en puissance.

Le problème, dans ce scénario, est que le transfert de l'un vers l'autre des activités, des emplois, des initiatives, des enthousiasmes, des compétences, des savoir-faire ne sera ni immédiat, ni naturel. Beaucoup de ces transferts seront différés, occasionnant des « vides » socioéconomiques qui seront peut-être abyssaux avec, pour conséquences, des crises sociales majeures.

Un exemple entre mille : celui des transferts de compétences. On le sait, nos systèmes éducatifs sont en échec depuis les années 1970. Le pédagogisme d'après Mai 68 a transformé l'école en y supprimant l'exigence, l'effort, le travail et le mérite. Moralité : beaucoup de ceux qui ont aujourd'hui entre 20 et 40 ans ne sont pas préparés au monde qui vient et qui sera un monde de frugalité et d'autonomie, choses dont ils sont souvent incapables. De même et parallèlement, les plus de 50 ans auront bien du mal à retrouver leurs repères dans un monde où priment l'immatérialité et le numérique.

Examinons, à présent, le scénario du « ratage » qui se présente comme ceci :

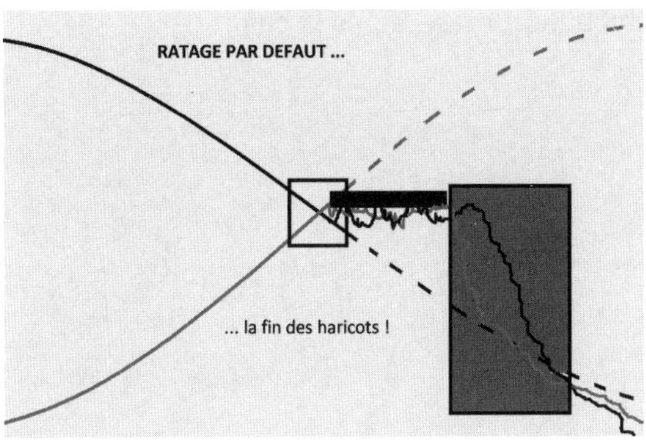

Dans ce scénario qui est le pire envisageable, la fin de la chape de plomb coïncide avec deux phénomènes : le déclin de l'ancien paradigme reprend et rattrape sa courbe naturelle exactement comme dans le cas du scénario de rattrapage ; mais le nouveau paradigme s'est épuisé à lutter contre la chape de plomb qui, finalement, lui a sucé toute sa vitalité, toutes ses forces, toute son énergie créatrice... et il s'effondre, devenu trop faible pour assurer le relais.

Ce scénario, on le voit bien, est le scénario-catastrophe. Sa probabilité est faible, certes. Mais, à chaque jour qui passe, cette probabilité augmente. Il reste à espérer que l'égoïsme suicidaire des institutions modernistes ne poussera pas leur acharnement thérapeutique jusqu'à cette funeste extrémité.

On le comprend aisément, ces deux scénarii sont « extrêmes » et la Nature, depuis toujours, applique rarement les scénarii extrêmes, préférant enrichir son spectre de possibles avec des panachages, des combinaisons, des solutions intermédiaires, moins pures, moins nettes mais plus souples. Mais quels panachages, quelles combinaisons ? Nous allons le voir, mais une dernière remarque s'impose.

Ces deux scénarii semblent cohérents et « logiques », mais ils sont simplistes... même si, globalement, ils sont pertinents. C'est l'adverbe « globalement » qui fait défaut et qui appelle mon adjectif « simpliste ». En effet, ces deux scénarii font l'hypothèse implicite que le système socioéconomique continuera de fonctionner d'un bloc, de façon cohésive et cohérente, soumis à une logique unique. Ce ne sera pas le cas !

La fin du macroéconomique

Si l'on veut bien reprendre la théorie des proliférations de populations et des conquêtes de territoire que nous avions évoquée lorsque nous avions parlé des stratégies K et r, il vient que, finalement, la fin de la chape de plomb ouvre, plus ou moins brutalement, un territoire nouveau accessible à l'ensemble de toutes les « espèces » socioéconomiques qui peuplent la planète et qui ne sont plus engoncées dans la seule logique de la Modernité.

Le schéma suivant illustre mon propos :

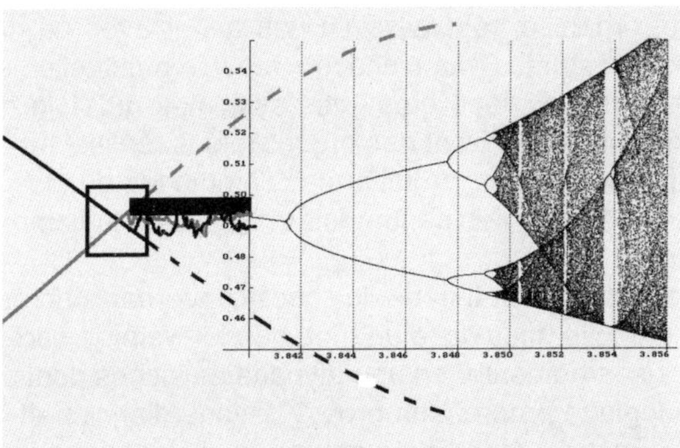

Sur ce schéma, sont superposés deux graphes.

Celui déjà plusieurs fois utilisé qui présente les deux trajectoires paradigmatiques, la zone (le rectangle) de grande turbulence et la chape de plomb qui « accrochent » les deux trajectoires loin de leurs trajectoires naturelles.

L'autre schéma, sur la partie de droite, s'appelle un diagramme de Feigenbaum. Ce diagramme montre les passages successifs à des instabilités de plus en plus indéterministes lorsque l'on se place de plus en plus loin des états stables initiaux. Il y a là une application bien connue de la théorie physique du chaos (liée à l'équation de Verhulst déjà mentionnée).

Concrètement, cela signifie que plus l'indice de chaos (au sens de la théorie physique) est élevé (et il sera vite très élevé après l'explosion de la chape de plomb), plus les comportements classiques, naguère cohésifs et cohérents, naguère coalescents et convergents[17], feront place à une myriade de comportements peu corrélés entre eux.

Le monobloc devient mosaïque, en somme : chaque parcelle de la composition ayant sa logique propre, son propre cocktail d'ancien et de nouveau paradigme, sa propre trajectoire. Cette parcellisation du « monde », cette fragmentation du système socioéconomique s'appelle, d'ailleurs, « l'effet mosaïque ». Cela conduit à un système socioéconomique chaotique.

Mais prenons garde aux mots ! La théorie du chaos, qui parle de systèmes chaotiques comme nous en parlons ici, a été affublée d'un nom journalistique malheureux car ce chaos-là est structuré, organisé, régulé et n'a rien à voir avec un désordre anarchique auquel le mot « chaos » renvoie habituellement.

La théorie du chaos étudie les systèmes qui, loin de leurs états d'équilibre, montrent des organisations réelles, mais éphémères, fragiles, agiles, protéiformes comme les nuages dans le ciel, comme les volutes de fumée au-dessus de la flamme d'une bougie.

Que nous dit cette théorie du chaos concernant l'après-chape de plomb ? Elle nous dit, d'un mot, que le système socioéconomique va se fragmenter en une myriade de niches dont chacune aura sa logique propre, son propre dosage d'ancien et de nouveau, ses métiers et marchés propres.

Pour le dire brièvement : la macroéconomie n'existera plus et sera supplantée par une infinité de microéconomies. Le monobloc devient mosaïque. Le monolithe pyramidal devient des réseaux de réseaux. L'autorégulation devient inter-régulation. Chaque cellule de la mosaïque socioéconomique se développera – ou s'étiolera – dans un réseau de proximité qui lui sera propre.

Cette notion de « réseau de proximité » est centrale ; elle mérite quelques commentaires.

Un réseau de proximité est l'équivalent de ce que le philosophe Marcel Conche appelle le « monde » d'une entité, c'est-à-dire l'ensemble des relations et interactions qu'elle active au sein

17 Cette cohésion, cette cohérence, cette coalescence et cette convergence n'expriment rien d'autre que le principe de « la main invisible » d'Adam Smith, c'est-à-dire le principe de l'autorégulation mécanique et déterministe du système socioéconomique lorsqu'il n'est pas trop éloigné de ses états d'équilibre.

de l'univers commun. Chaque organisme vivant a *son* monde propre, comme déjà mentionné. Il en sera ainsi de chaque communauté humaine, de chaque entreprise, de chaque terroir, de chaque association.

Un réseau de proximité est donc l'ensemble de toutes ces relations et interconnexions centrées autour d'une entité socioéconomique quelconque. Mais, depuis l'abolition partielle de l'espace et du temps par les technologies numériques, les notions de proximité, de distance, de prochain et lointain prennent des sens tout autres.

Ces relations peuvent ainsi être matérielles ou immatérielles, réelles ou virtuelles, physiques ou informationnelles. L'idée de proximité n'est pas seulement géographique. Bien au contraire, le plus souvent, il s'agira d'une proximité via la Toile et, plus précisément, via des réseaux serrés et fermés, sélectifs et électifs, sur la Toile.

Une cellule de la mosaïque socioéconomique qui vient est un tel monde de proximité, un tel réseau de proximité, au sens très précis que l'on a donné ici.

Chaque réseau de proximité devra trouver et ajuster le bon dosage afin, en permanence, de sortir de l'ancien paradigme, de se renforcer vers son métier et ses marchés, et de construire *son* nouveau paradigme. Nous y reviendrons.

La durée de la période chaotique dont nous parlons s'étendra jusqu'en 2025, au moins. Il n'y aura plus de macroéconomie mais des myriades de microéconomies ayant entre elles des relations et des corrélations éphémères et protéiformes. Tout concept de masse (et de massification) en sera banni, exclu, obsolète. On pourra réellement parler de néo-artisanat. Même les grandes entreprises, si elles veulent survivre, devront se transformer en réseaux ou en réseau de réseaux de toutes petites entités (de 50 personnes) ayant chacune leur monde de proximité à elle.

Après 2025, en se rapprochant de l'état d'homéostasie qui pourrait être retrouvé vers 2050, il n'est pas impossible, mais il n'est pas obligatoire, qu'une nouvelle macroéconomie s'établisse et qu'une nouvelle autorégulation globale puisse s'installer. Nul n'en sait rien. Ce n'est seulement pas impossible.

La fin des dinosaures et l'essor des petits lémuriens

En faisant l'hypothèse que la chape de plomb explose dans les deux ou trois ans qui viennent, la période allant de 2015 à 2025 que vise le présent livre sera chaotique : elle verra le monde fonctionner comme une mosaïque de cellules microéconomiques constituant chacune un monde et un réseau de proximité sur le modèle néo-artisanal.

Pour faire comprendre à quoi tout cela ressemblera, faisons, encore une fois, un large détour par le crétacé. À cette époque lointaine, les dinosaures régnaient en maîtres sur la Nature et la biosphère terrestre. Les autres espèces devaient, en somme, se contenter de leurs restes et vivaient chichement, entre les pattes de ces monstres gigantesques. Car ils étaient énormes, lourds, lents. Partant du bout de leur queue, l'information mettait un temps fou pour atteindre leur minuscule cervelle au fond de leur petite tête. Ces animaux-là étaient faits pour vivre dans un monde stable, équilibré, tranquille. Ce sont nos grosses entreprises d'aujourd'hui qui font la pluie et le beau temps dans le système socioéconomique en connivence avec leurs copains dinosauriens que sont les États, les Universités, les Bourses, les Banques, les Syndicats. Tout ce joli monde entretient des relations de paix armée. Tout le monde s'entend, en fait, pour garder la haute main sur le système et pour exploiter toutes les petites entités qui y grouillent. Nous sommes là en plein dans la logique du paradigme de la Modernité.

Mais, au crétacé, le système atmosphérique terrestre fut terriblement perturbé (par une grosse comète, semble-t-il), au point que le climat en fut chamboulé. Tous les grands dinosaures périrent parce que trop lourds et lents pour s'adapter agilement aux circonstances. C'est exactement ce qui arrivera dès l'explosion de la chape de plomb. Nos gros dinosaures financiers (banque, assurance), industriels (métallurgie, automobile, pharmacie, chimie), commerciaux (grande distribution), hôteliers (grosses chaînes françaises et américaines), logistiques (compagnies aériennes, transports par camions sur longue distance), immobiliers (bureaux dans les grandes villes), voyagistes (*tour operators*), etc., s'ils ne disparaissent pas complètement (ce qui sera le cas pour la plupart), seront émiettés, fragmentés, morcelés.

Comme les dinosaures, à quelques exceptions près (les crocodiles), ils disparaîtront de la planète socioéconomique. Et disparaîtront avec eux les grandes institutions de la Modernité qui les accompagnaient dans leur gigantisme.

Et c'est une immensément bonne nouvelle !

De plus, la paléontologie nous apprend que les dinosaures – certains d'entre eux, les plus petits, les plus souples, les plus adaptables – se sont perpétués jusqu'à nous ; non seulement sous la forme archaïque des crocodiles et des tortues, mais sous une tout autre forme qui nous enchante : les oiseaux... Petits, graciles, agiles, subtils... Ils ont tout compris et ont survécu ! Et leurs chants dans le ciel, et leurs nids dans nos haies, sont des cadeaux de la vie. On est là bien loin de ces *Tyrannosaurus rex* débiles qui hantent le CAC 40 ou le NYSE ou le NASDAQ...

Rappelons un chiffre. Vers 2050, au retour à l'homéostasie du système socioéconomique, l'économie de masse (celle des dinosaures) n'emploiera plus qu'une quinzaine de pour-cent de la population active alors qu'elle en emploie, aujourd'hui, directement ou indirectement, de l'ordre de 60 à 75 % selon les pays. On comprend la hauteur du seuil à franchir : un transfert énorme de populations actives d'un type d'activité (l'économie de masse) à l'autre (l'économie de valeur). Ce transfert n'a pas été préparé par nos sociétés. Ni politiquement, ni pédagogiquement.

Politiquement, les incitations à l'emploi ont toujours favorisé les grosses entreprises des secteurs dinosauriens. Les coûts de main-d'œuvre et les rigidités contractuelles en matière d'emploi ont dissuadé les petites entreprises – qui seront l'économie de demain – d'embaucher. De plus, on l'a vu, le contrat d'emploi salarié est particulièrement inadapté à l'émergence du néo-artisanat généralisé où chacun doit redevenir autonome et être son propre fonds de commerce (genre « indépendant » ou « profession libérale »).

Pédagogiquement, l'affaire est bien plus grave. Elle induit à faire le procès de l'école et de l'université d'après Mai 68, comme déjà mentionné. Mais ce procès ne résout rien : les faits sont là et il faudra une génération au moins pour combler les déficits, si l'école et l'université évoluent dans le bon sens, c'est-à-dire celui de viser à former des élites dans toutes les disciplines et dans tous les talents, et de cesser de viser la facilité, l'égalité, la propagande idéologique, le nivellement par le bas, la fonctionnarisation de la société, la lutte contre l'échec et toutes ces billevesées. Le but de l'école et de l'université est de former des élites efficientes, lucides, talentueuses et intelligentes, et non de brader des diplômes inutiles ou inutilisables dans un climat d'apologie de la facilité. Ce qui n'est pas difficile à obtenir ne vaut rien !

Mais revenons à nos dinosaures... ou, plutôt, à l'après-dinosaures. Dès disparition de ceux-ci, la configuration des territoires change du tout au tout. L'espace est libéré et les ressources aussi. Les voraces géants ne sont plus là pour imposer leurs priorités et ne laisser que les miettes à tous ceux qui suivent. Et ce fut la grande chance, comme l'on sait, de l'espèce humaine qui n'est qu'une lointaine descendante des petits mammifères lémuriens. Ceux-ci, profitant de l'espace désormais libéré, appliquèrent l'équation de Verhulst, développèrent leur taux net de fécondité (r), pratiquèrent l'agilité, la vitesse et l'intelligence, et proliférèrent jusqu'à nous.

C'est exactement ce qui se passera sur le terrain socioéconomique. Les cinq institutions dinosauriennes qui furent les piliers de la Modernité et qui s'effondreront avec elle laisseront le champ libre à de nouvelles organisations. Passons-les en revue.

Primo : *l'État* est l'institution-clé issue d'un concept qui est celui de la société citoyenne, de la nation, du peuple. Ce concept est un pur mythe, inventé par ceux qui voulaient instaurer leur dictature sur ledit « peuple ». Ce concept a fait florès et a permis d'envoyer quelques millions de jeunes gens se faire tuer sur tous les champs de bataille du monde... au nom de la paix et de la liberté. Paix pour qui ? Liberté pour qui ? Paix pour quoi faire ? Liberté pour quoi faire ?

L'État, déjà aujourd'hui, n'a plus de place entre, en haut, les problématiques qui ne peuvent être que continentales ou mondiales et, en bas, la résolution concrète des problèmes réels qui se fichent, comme d'une guigne, des prurits idéologiques et partisans.

« En bas », la réalité humaine prendra la forme d'une mosaïque de communautés[18] de proximité (au sens général et non seulement territorial) qui formeront des réseaux de vie où chacun pourra développer ses multi-appartenances.

« En haut », au niveau continental et mondial, outre la mise en place d'une charte équitable de fonctionnement des communautés et des moyens de la faire appliquer, les problèmes globaux seront traités par des spécialistes (oui : une technocratie dont est exclue toute idéologie politique) dans le cadre d'une politique générale (d'une philosophie de vie, faudrait-il dire) mise au point par des sages qui en sont personnellement garants.

Et la démocratie, direz-vous ? Elle est directe, immédiate et permanente, et s'exprime par les choix d'appartenance de chacun dans le vaste tissu réticulé des communautés de vie. Le vote ne se fait plus par des bulletins, mais par les pieds : j'aime et je reste, je n'aime plus et je quitte.

Secundo : *l'Université* a déjà été évoquée à plusieurs reprises. Gardons trois idées majeures.

Premièrement : l'Université doit redevenir le centre et le moteur du développement noétique de l'humanité. Noétique, c'est-à-dire libérée du politique *et* de l'économique. Noétique, c'est-à-dire exclusivement centrée sur le développement et la transmission de la connaissance et de l'intelligence. Noétique, c'est-à-dire uniquement occupée de la pensée et non de l'action, visant la hauteur et l'élévation, et non la vulgarisation et la popularisation.

Deuxièmement : l'Université sera décentralisée et autonome. Elle aussi se réorganisera sous la forme de réseaux de communautés autonomes de recherche et d'enseignement, loin de tout carcan fonctionnaire et bureaucratique. La notion de diplôme explose en vol et est remplacée par des certificats

18 Afin de couper les ailes à un vilain canard et éviter les éternels procès en communautarisme, mettons les choses au point. La communauté (d'intérêt, de projet, de patrimoine, de ressources, de vie, de tradition, de langue, etc.) est la cellule de base de tout édifice social. La famille en est un exemple. La secte aussi. Lorsqu'une communauté professe des comportements sectaires donc haineux, ostracisants, intolérants, vindicatifs, violents, etc., elle devient une secte néfaste. Le sectarisme est infect. Mais très peu de communautés de vie virent au sectaire, bien moins que les partis politiques ou les cellules syndicales. Ce qui est clair, en revanche, c'est qu'une organisation sociale basée sur les communautés de vie (la thèse girondine) est incompatible avec une organisation sociétale basée sur le mythe de la « nation » ou du « peuple » si cher à tous les jacobinismes.

spécifiques pour chaque module que l'étudiant réussit : intellectuellement et professionnellement, chacun se construit librement, toute sa vie durant, comme un réseau immatériel de certificats, liés entre eux par des obligations de prérequis (il est exclu d'étudier les équations aux dérivées partielles avant d'avoir appris à compter). Chaque communauté de recherche sera autonome c'est-à-dire libre et responsable de construire ses axes de travail et ses moyens de financement, pourvu que son activité reste en cohérence stricte avec les finalités de l'Université telles que décrites plus haut.

Troisièmement : l'Université est ouverte à toutes les vraies intelligences, indépendamment de leurs origines ou de leurs fortunes. Son accès est seulement contraint à la possession d'un certificat d'admission aux études universitaires. Le financement des études est assuré, pour tous, par un système autonome et privé de bourses et de prêts d'étude.

Tertio : *la Banque* est née pour faciliter et sécuriser l'économie marchande lorsqu'elle se développa aux XVe et XVIe siècles. La fonction essentielle de la Banque est de redistribuer les liquidités entre, d'une part, les dépôts d'épargne et, d'autre part, les crédits aux ménages et aux entreprises. Le différentiel de rémunération entre crédits et dépôts est la rémunération de la Banque, ses agios, ses commissions ; sa *seule* rémunération tolérable. C'est le *seul* rôle admissible du système bancaire. Les placements de fortune ne sont pas de son ressort. Les jeux spéculatifs doivent lui être strictement interdits. Il n'est de bonnes banques que de banques pauvres. Une banque riche, opulente, luxueuse est une insulte à ses déposants.

La seule forme organisationnelle tolérable pour une banque est coopérative ou mutuelle, où la frugalité et la sobriété, la simplicité et la parcimonie sont les maîtres mots, où les bénéfices annuels sont intégralement redistribués aux déposants, où toute stratégie doit être de proximité et locale, où la taille est limitée strictement et dont toutes collusions ou alliances, sous quelque forme que ce soit, avec d'autres banques sont formellement bannies.

Quarto : *la Bourse* reviendra à sa seule raison d'être : faire converger des offres et des demandes, soit de ressources naturelles, soit de ressources financières. Toute spéculation en sera bannie. Toute spéculation sera interdite sous peine des plus fortes punitions. La spéculation a été la source principale du marasme économique du XXe et du début du XXIe siècle[19] ; elle est le cancer de l'économie. Il faut l'éradiquer et elle sera éradiquée.

Pas de jeux sur des valeurs futures sur lesquelles on parie et qui faussent complètement le jeu sain des offres et demandes réelles, ici et maintenant. On le sait bien : il est aisé d'organiser de fausses pénuries pour faire flamber les cours.

Avec la Toile, la rencontre entre offre et demande de ressources n'a plus besoin de ces institutions centrales que sont les Bourses. Un simple système de garantie et de sécurisation des transactions suffit afin d'éviter les arnaques des fausses offres et des fausses demandes comme on les connaît aujourd'hui sur des sites comme « Leboncoin ».

Sur la Toile, le système boursier assaini prendra lui aussi une forme réticulée de sites spécialisés, plus ou moins électifs et sélectifs, possédant chacun ses propres règles d'admission des clients « sérieux et fiables », loin des actuelles foires d'empoigne qui tournent au pugilat immatériel et virtuel des forcenés de l'argent facile.

Il ne peut plus jamais y avoir de l'argent facile. L'argent qui ne représente pas du travail et de l'intelligence ne vaut rien et doit disparaître.

Quinto, première partie : *les Syndicats de travailleurs*, naguère syndicats ouvriers, sont des institutions qui remontent loin vers la Renaissance. Ils ne sont pas nés des révoltes ouvrières du XIXe siècle, quoi qu'on en dise. Les confréries « ouvrières » se sont organisées dès le XIVe siècle pour faire contrepoids aux corporations des maîtres (au sens de *maistres des mestiers*), les jurandes, qui voulaient monopoliser et réglementer, à leur profit et à titre héréditaire, les différents métiers qui avaient été

19 N'oublions jamais que le crash de 1929 – dû à la démocratisation et à la popularisation, aux États-Unis, des jeux de Bourse – fut le grand amplificateur des voix de Lénine, de Hitler et de Mussolini et la cause des centaines de millions d'assassinats qu'ils ont sur la conscience (s'ils en ont une).

définis, acceptés et entérinés par les pouvoirs politiques locaux ou royaux, et dont ils se voulaient les garants et dépositaires. La Franc-maçonnerie, par exemple, est l'héritière d'une telle confrérie des Compagnons maçons qui furent reconnus comme libres, c'est-à-dire francs (affranchis), du pouvoir des maîtres des métiers locaux.

Bref. Les Syndicats modernes se sont positionnés comme défenseurs des intérêts légitimes des prolétaires, c'est-à-dire de ceux qui vivent de leur travail, sans rentes de fortune (cette définition strictement correcte amène à la conclusion que 99 % de la population, y compris nombre de patrons, sont des prolétaires). N'épiloguons pas sur l'histoire syndicale qui revendique nombre de « victoires » sociales où elle n'est pour rien et qui vinrent de l'initiative patronale (il faut sortir du mythe de l'exploitation éhontée : un esclave, mort de faim et de fatigue, n'est pas productif ; il est de l'intérêt du patron et de son entreprise d'avoir des troupes saines et en forme et force[20]).

La première condition pour « bénéficier » de l'aide d'un syndicat est d'être salarié. La disparition progressive du salariat au profit du néo-artisanat (de l'indépendantat, si l'on préfère) condamne, évidemment, les Syndicats de salariés et de fonctionnaires à disparaître.

Cela ne signifie nullement que, pour se protéger des éventuels abus des donneurs d'ordre, les néo-artisans et les indépendants ne se regroupent pas en réseaux de communautés d'intérêt, au moyen de la Toile, pour affronter l'adversaire supposé et faire triompher leurs vues. Mais on se trouvera là dans une logique étrangère aux syndicats idéologiques et centralisés d'aujourd'hui (qui ne représentent plus qu'eux-mêmes, répétons-le), mais bien plus proche de l'associationnisme d'un Robert Owen ou d'un mutuellisme à la Joseph Proudhon.

Quinto, seconde partie : *les Syndicats patronaux*, enfin, exploseront en vol. Tout le monde sait – ou devrait savoir – qu'aujourd'hui, les grands Syndicats patronaux sont phagocytés par les dinosaures. Les PME n'y ont pas réellement voix au chapitre ; elles y jouent un rôle au mieux de figurant, au pis d'alibi.

20 La protection des enfants, par contre, fut un réel scandale, plus encore en ce qui concerne les parents qui les « vendaient » que dans celui des entreprises qui les employaient. La protection de l'enfance ne vint nullement des syndicats, mais bien plutôt des mouvements caritatifs bourgeois.

C'est vrai pour le MEDEF qui est prisonnier des grosses industries bêtes comme la métallurgie ou l'automobile. C'est vrai pour la FNSEA qui est totalement noyautée par les industries agroalimentaires et chimiques, et leurs exécuteurs de basses œuvres que sont les grosses entreprises de culture et d'élevage intensifs. C'est vrai pour les autres aussi. Même la CGPME, censée représenter au meilleur niveau le si vaste et fécond tissu des PME, a bien du mal à sortir de ses logiques de baronnies et de personnes.

Ces mécanismes de phagocytage systématique ne sont pas propres à la France ; ils sont parfaitement similaires, sinon identiques, dans tous les pays développés (y compris, mais sous d'autres formes, aux États-Unis).

L'équation est à la fois simple et double. Elle est simple puisqu'elle prédit que les Syndicats patronaux disparaîtront avec les dinosaures qui les instrumentalisent (et les financent grassement). Elle est double parce que, parallèlement à cette disparition, émergera, encore une fois via la Toile, un réseau de réseaux patronaux, par secteur, par marché, par métier, par région, qui formeront autant de communautés d'intérêt et de défense de ces intérêts.

En conclusion de ce chapitre, on voit apparaître deux mouvements essentiels qui ont déjà démarré depuis deux ou trois décennies, c'est selon, et qui s'accéléreront dès que la fin de la chape de plomb les aura libérés.

Premier mouvement : l'étiolement des cinq piliers de la Modernité et des institutions qui les incarnent.

Second mouvement : le développement, surtout par et sur la Toile, de réseaux de réseaux et de réseaux de communautés de proximité qui réinventeront, sur d'autres bases, radicalement différentes, les missions qu'assumaient naguère les institutions déliquescentes et moribondes de la Modernité.

Je pense que ce chassé-croisé peut aller très vite (peut-être moins quant à la disparition de l'État, mais au moins, quant à sa marginalisation). Son événement déclencheur sera l'explosion de la chape de plomb sous la pression des dettes souveraines, des déficits publics, des bulles spéculatives et des pénuries de ressources.

Si, comme je le crois, cette explosion survient vers 2015 (même avant, espérons-le), alors la période 2015-2025, objet de ce livre, sera à la fois très turbulente mais extrêmement créative... à la condition que l'on s'y prépare.

Ce sera donc l'objet du chapitre suivant : se préparer dès maintenant.

Une révolution de bas en haut

Récapitulons. Comme tous les cinq cents ans, environ, le système socioéconomique vit une bifurcation, une mutation paradigmatique, un changement de logique globale.

Nous passons, à notre époque, de la Modernité à ce qui sera l'après-modernité sans avoir encore de nom bien établi. Nous passons d'une logique de masse à une logique de valeur.

Le déclin de la Modernité et la montée progressive en puissance du nouveau paradigme qui la remplacera ont commencé il y a un siècle. Depuis l'an 2000, environ, les puissances des deux paradigmes se sont croisées et les turbulences que cette égalité des forces a induites se sont amplifiées et accélérées : ce sont les « crises ». Aussi, pour protéger leur position dominante et privilégiée, les cinq institutions de la Modernité (les États, les Banques, les Bourses, les Syndicats et, dans une moindre mesure, les Universités) ont mis en place une chape de plomb qui a pour double mission, d'une part, de mettre l'ancien système sous perfusion avant acharnement thérapeutique et de financer cela par des endettements, des taxations et de la planche à billets, et, d'autre part, d'empêcher le nouveau paradigme de grandir trop vite en lui mettant le plus de poids possible sur la tête.

Cette chape de plomb ne sera plus finançable aux alentours de 2015. Alors commencera une période chaotique qui durera au moins jusqu'en 2025, pour mener, vers 2050, à une nouvelle homéostasie du système.

Que peuvent ou doivent faire les acteurs socioéconomiques (les ménages et les entreprises) pour se préparer à passer ce cap et à devenir les petits lémuriens du futur contre les gros dinosaures du passé ?

En gros, huit pistes d'action doivent être étudiées très précisément et mises en pratique immédiatement :

Du point de vue de la pratique de la frugalité :

• Réduire drastiquement sa dépendance aux ressources naturelles dont la raréfaction augmentera le prix et induira la pénurie ;

• Développer au maximum son autonomie face aux institutions de la Modernité en général, et face à l'État et aux dinosaures économiques en particulier ;

Du point de vue de la pratique de l'immatérialité :

• Cultiver, jusqu'à l'excellence, tous les talents, toutes les compétences et toutes les intelligences que l'on possède, et en faire le moteur de tout ce que l'on fait ;

• Maîtriser les outils numériques professionnels, générateurs de valeurs ajoutées (et oublier tous les gadgets puérils, depuis les réseaux sociaux jusqu'aux tablettes) et se construire une réelle présence ciblée, professionnelle et élitaire sur la Toile ;

Du point de vue de la pratique de la complexité :

• Réorganiser ses activités – et sa vie – de façon à y injecter, en tout, pour tout, l'esprit de réseau de proximité ;

• En tout, refuser la facilité, choisir la difficulté tout en pratiquant la plus extrême simplicité ;

Du point de vue de la pratique de l'intériorité :

• Réorienter les mentalités vers la joie dans l'accomplissement contre le paraître dans l'opulence, et ainsi, donner du sens et de la valeur à ce que l'on vit ;

• Injecter en tout ce que l'on fait, dit ou pense, un maximum de noblesse et d'élégance, de fécondité et de qualité.

Bien sûr, chaque personne, chaque ménage, chaque entreprise mettra ces huit conseils stratégiques de (sur)vie « à sa sauce », avec les priorités ou les urgences qui lui sont propres, face à ses potentialités et opportunités réelles, avec lucidité quant aux faiblesses et carences réelles.

*

Chacun, je le sais pour le vivre depuis plus de quinze ans, aura tendance à refuser cette responsabilité personnelle et à considérer que sa goutte d'eau est infime dans l'océan du marasme ambiant. « À quoi bon ? Qu'est-ce que je peux bien peser face à plus de sept milliards de gugusses dont l'immense majorité n'a pas la moindre intention de renoncer à l'opulence (ou au rêve d'opulence), à la gabegie et aux caprices puérils ? »

À cette objection, deux réponses non contradictoires, voire complémentaires, sont possibles. Exemplarité et sauvetage.

Exemplarité

Exemplarité, parce que la révolution qui est en cours va du bas vers le haut, contre la résistance suicidaire qui vient du haut contre le bas. On l'a bien compris, il ne faut rien attendre des institutions de la Modernité en général, ni de l'État et des pouvoirs publics en particulier, pour aider ou ne serait-ce que faciliter cette révolution en marche. Tout au contraire : elles s'y opposeront et la combattront avec l'énergie du désespoir.

La révolution noétique se propagera (se propage déjà, de plus en plus vite) de proche en proche, par percolation, par contagion, par viralité en somme (c'est l'un des effets de la pratique des réseaux). Chacun est le centre de son monde propre connecté avec beaucoup d'autres mondes. Chacun est le centre de son réseau de proximité. Chacun peut et doit y sculpter sa vie et son avenir.

Sauvetage

Comme nous n'avons pas tous la fibre altruiste et que le principe d'exemplarité ne nous émeut parfois que très modérément, disons-nous que mettre en pratique les huit préceptes donnés plus haut est la seule manière de se sauver soi-même avec ses très proches, de se tenir le plus loin possible de l'épicentre du cataclysme qui vient, de prévenir les maux qui nous attendent.

Altruisme et égoïsme : les deux attitudes convergent, comme souvent !

*

Un dernier mot : souvent l'on me demande quel conseil donner aux parents pour orienter leurs enfants en matière d'études.

La réponse est simple et claire : orientez-les vers le développement en excellence (car cette excellence doit être votre exigence sans faille) de leur talents profonds, c'est-à-dire de ce qui les passionne vraiment, durablement.

Car la passion nourrit un apprentissage en profondeur du métier concerné et engendre l'excellence. Quel que soit le monde qui vient, il y aura toujours de belles places pour ceux qui développeront une activité avec passion et excellence.

Mais un troisième ingrédient manque à la recette : l'autonomie !

Faites de vos enfants des êtres autonomes, le plus tôt possible. Cassons le mythe imbécile de l'enfant-roi. La génération Y nous a bien montré où cela mène... ou, plutôt, que cela ne mène nulle part.

Un enfant est un petit animal méchant, cruel, égoïste, manipulateur, menteur... et souvent très malin. Il ne faut pas y cultiver de l'enfance, mais y semer de l'adulte, avec fermeté.

L'enfance est une maladie infantile qu'il faut soigner le plus vite possible. Il faut éradiquer toutes les walt-disniaiseries : il n'y a pas de bonnes fées, ni de Père Noël. Plus vite on le sait et on le comprend, plus vite on cesse de croire aux miracles et on se prend en charge, enfin debout, enfin libre, enfin conscient... enfin adulte.

Epilogue :
Neuf pistes pour une autre Économie et une autre Vie

4

Avant d'énumérer et d'expliciter neuf pistes concrètes par lesquelles passe le basculement du paradigme moderniste à celui de l'après-modernité, résumons, en deux tableaux, les caractéristiques de ces deux paradigmes.

D'abord d'un point de vue plus économique[21] :

Modernité	**Après-modernité**
Économie de masses	Économie de niches
Économie de volumes	Économie de marges
Économie du prix	Économie de la valeur
Économie capitalistique	Économie humanistique
Économie du standard	Économie du génie
Économie de productivité	Économie de créativité
Économie de la taille (K)	Économie de l'agilité (r)
Économie de pillage	Économie de frugalité
Etc.	Etc.

Peut-être ce tableau mérite-t-il de nombreux commentaires, mais leur substance est déjà contenue dans les pages qui précèdent. Je n'en ferai donc qu'un seul : il concerne la ligne du tableau qui oppose l'économie des prix à l'économie des valeurs et qui me paraît résumer l'essentiel de ce comparatif.

21 J'ose ce néologisme pour l'opposer à « capitalistique » et pour signifier que l'entreprise se construit non plus tant sur des investissements matériels nécessitant des quantités d'apports de capital, mais plutôt sur des recrutements d'intelligences et de talents portés par des êtres humains de qualité.

L'économie des prix est équivalente à ce que j'ai déjà appelé la « tyrannie du prix bas » qui gouverne l'économie de masse, l'obsession du « bon marché » qui tue la qualité, rabote les marges et assassine les petits producteurs au profit des gros distributeurs ou donneurs d'ordre.

Mais, répétons-le : le bon marché finit toujours par coûter trop cher. Le manque de qualité induit une faible ou une mauvaise utilisabilité. Le T-shirt que le moindre passage en machine à laver transforme en serpillière ne sera finalement mis qu'une seule fois et devra très vite être remplacé. L'outil bon marché cassera au premier usage. L'appareil bradé tombera immédiatement en panne. Les aliments à bas prix altéreront la santé ou rendront obèse. Etc.

À ce prix bas, à cette basse valeur d'échange sont en train de se substituer le concept de haute valeur d'usage, l'idée d'utilité maximale et de durée de vie maximale.

Si ce que l'on achète rapporte plus que cela ne coûte, le prix n'a plus beaucoup d'importance... !

La qualité, l'utilité, la durabilité n'ont pas de prix, mais ont une grande valeur.

L'idée centrale est donc d'augmenter la valeur d'utilité des biens et services que l'on propose sur les marchés (essentiellement sur ce vaste marché immatériel qu'est la Toile) en y injectant en permanence, à tous leurs stades de vie, de la conception au démantèlement en passant par leur usage et leur maintenance, beaucoup d'intelligence et de talent, et le moins possible de matière et d'énergie.

Ensuite, d'un point de vue plus sociologique :

Modernité	**Après-modernité**
Sociétés étatisées	Communautés réticulées
Assistanat	Autonomie
Travail unique	Activités multiples
Recherche de pouvoir d'achat	Recherche de joie de vivre
Développement de compétences	Développement de talents

Modernité	Après-modernité
Centré sur la famille	Centré sur la « tribu »
Matérialisme	Spiritualité
Volonté de faire carrière	Volonté d'accomplissement
Mariage contractuel	Union libre
Mono-appartenance	Multi-appartenance
Gaspillage	Parcimonie
Dispersion du temps	Recentrage du temps
Diversité des lieux	Vie de proximité
Rencontres physiques	Connexions immatérielles

Tous les commentaires ont déjà été donnés au fil des textes qui précèdent.

*

Pour passer du paradigme de la Modernité à celui de l'après-modernité, nous proposons neuf pistes de réflexion et d'action qui doivent être pratiquées de concert.

Ces pistes sont : la démassification, l'autonomisation, la relocalisation, l'innovation, la procentration, la qualification, la réticulation, l'immatérialisation et la synchronisation.

Dans les neuf paragraphes qui suivent, nous allons les étudier systématiquement, l'un après l'autre, sans que l'ordre de leur présentation ne doive signifier quelque ordre d'importance ou de priorité que ce soit.

Démassification

L'après-modernité, on l'a vu, sortira des logiques industrialistes basées sur des effets d'échelle. Elle se construira sur des myriades de niches de vie ou de marchés ; elle proposera, en tout, du sur-mesure ; la personnalisation des modes de vie, des produits, des services, sera radicale.

Forte de la leçon du crétacé et de la fin des dinosaures, elle renoncera à la croissance par la taille et pratiquera la pérennité par l'agilité.

De manière plus générale, il faut entendre par démassification une généralisation de l'effet « mosaïque », de la fragmentation des mondes, de la dislocation de tous les monolithes au profit de la prolifération de réseaux et de réseaux de réseaux, dans un enchevêtrement inextricable et infini de relations et d'interactions complexes et organiques, évoluant de proche en proche, par percolation, par contagion.

Le mythe de la ménagère de quarante ans, mère de deux enfants, disparaîtra à jamais. Les effets statistiques seront insignifiants. Il y aura autant de mondes que d'êtres humains. Le Français moyen, s'il a jamais existé, n'existera plus jamais. La diversité et la différence (voire la différenciation) seront la règle. Il n'y aura plus de cas général, mais des infinités de cas particuliers. Le monde sera définitivement beaucoup plus complexe (sans être nécessairement plus compliqué puisque la complexité n'est fertile que dans la simplicité), donc beaucoup plus riche. Et puisque « l'ennui naquit un jour de l'uniformité », on ne s'y ennuiera pas...

*

Autonomisation

Sortir de la dépendance à l'État, aux institutions et aux dinosaures est une nécessité et une urgence car, sinon, ils nous emporteront avec eux dans leur effondrement imminent. Et nous n'avons pas le choix, du fait de la raréfaction et de la constante hausse des prix des ressources naturelles non renouvelables (et elles le sont presque toutes), il nous faudra aussi apprendre à diminuer notre dépendance amont par diversification des ressources et la pratique constante de la frugalité.

Moins de dépendance, donc. Plus d'autonomie, donc. D'où le concept d'autonomisation.

Dans les milieux du travail, dans les entreprises, dans les organisations professionnelles, l'autonomie sera au centre des managements et concernera tant les équipes que les collaborateurs individuels. Il faudra apprendre à faire une immense distinction entre détenir un pouvoir et faire autorité, et à ne jamais confondre autonomie (la liberté de la modalité et du « comment ») et indépendance (la liberté de la finalité et du « pour quoi »).

Mais il ne s'agit encore, là, que d'autonomie « extérieure ». Il faudra aussi développer une réelle autonomie « intérieure » qui suppose de sortir des phantasmes de l'enfance (la croyance en tous les Pères Noël et à toutes sortes d'idoles) et de l'adolescence (la croyance à toutes sortes d'utopies et d'idéalismes), pour entrer enfin dans l'âge adulte de l'humanité. Penser par soi-même. Vivre par soi-même. Se délivrer de toutes les idolâtries intérieures et de tous les esclavages intérieurs. Apprendre ou réapprendre la lucidité et l'esprit critique. S'accomplir soi-même dans sa propre authenticité, et non plus jouer des rôles.

*

Relocalisation

D'un côté, se développera une réelle globalisation des problématiques, accompagnée d'une non moins réelle désaméricanisation des pratiques. Le « rêve américain » est devenu un cauchemar, et la propagande hollywoodienne ne fera plus rêver. Mais que cela n'occulte pas la réalité de problématiques mondiales et irrémédiablement mondiales : la pollution délétère de la planète Terre, la raréfaction accélérée des ressources naturelles et la maîtrise drastique de la démographie humaine en sont les trois exemples les plus criants et les plus critiques.

De l'autre côté, comme en mouvement de balancier ou d'équilibrage, et, en partie, à cause de la hausse des coûts énergétiques, s'installe une logique complémentaire de proximité, centrée autour du domicile, du village ou du quartier. La connexion au reste du monde sera toujours plus immatérielle, via la Toile. Par exemple, on ne voyagera plus beaucoup (l'empreinte carbone et le coût de carburants obligeant) ; mais on vivra intensément des documentaires pour apprendre, mieux qu'en voyageant, tous les recoins du monde et de l'homme.

Pour le dire d'un mot, l'après-modernité se développera sur le double plan de la globalisation de l'immatériel et de la relocalisation du matériel.

Le télétravail et le travail à domicile seront la norme. L'école et l'université virtuelles aussi. Pas à plein temps, bien sûr, mais au moins pour 60 % des activités. Ce mouvement de relocalisation s'accélérera et permettra le rapatriement des savoir-faire précieux que les délocalisations sauvages à visée purement financière avaient exilés : nous réapprendrons à maîtriser tout ce qui est difficile à faire, à réussir, à produire.

La pénurie grandissante d'énergie bon marché conduira à une économie de proximité : produire, acheter et consommer localement, selon les terroirs, selon les saisons, selon les climats. Finies les fraises à la Noël et les tomates en février. Finis les pins Douglas abattus dans le Morvan, expédiés et réduits en copeaux en Chine, transformés en aggloméré en Inde, transformés en meubles en Tunisie pour être revendus... dans le Morvan. Finis, d'ailleurs, tous les pins Douglas dans le Morvan. Par contre, bienvenue aux menuisiers qui feront, dans le Morvan, des meubles de hêtre ou de chêne, pour le Morvan.

Mais il est une autre relocalisation urgente à réaliser : celle de soi en soi, celle de se retrouver soi-même, dans sa propre identité, dans son propre destin, dans sa propre vie. Retour à soi. Finie la dispersion de ce soi, éparpillé, écartelé, disséminé entre tant de masques, tant de rôles, tant de « lieux » de vie. Ce mouvement de relocalisation est aussi un mouvement de réidentification de soi et des autres, et des relations qui les lient. Un mouvement de réauthentification. Qui suis-je vraiment ? Que puis-je vraiment ? Que veux-je vraiment ? Voilà les trois belles questions majeures de ce mouvement de réappropriation de soi-même.

*

Innovation

Le changement de paradigme nous oblige tous, en tout, à réinventer la vie. Tout est à réinventer, depuis les institutions jusqu'à nos modes d'existence, depuis le travail jusqu'à l'amour. Il n'y aura plus de solution générale ; il n'y aura plus que des solutions particulières. Il n'y aura plus de standards, de normes, de procéduralités. Toutes les technologies, toutes les connaissances, toutes les compétences auront des durées de vie de plus en plus courtes. Règne de l'obsolescence accélérée de toutes les composantes immatérielles de nos existences. Comme en contrepoids de la durabilité de leurs composantes matérielles. Une voiture devra durer dix ans au moins, mais une expertise vivra deux ans (ou six mois) au plus. Le matériel changera peu (frugalité oblige), mais l'immatériel changera tout le temps.

L'imagination serait-elle enfin au pouvoir ?

Mais l'innovation perpétuelle est aussi un piège.

La quête de l'originalité pour l'originalité est aussi vaine que dispendieuse. Il faut apprendre à innover non pour innover, mais pour augmenter la valeur d'usage...

Il faut aussi se défier de l'innovation géniale qui n'arrive qu'une fois ou deux par vie. Ce n'est pas cette innovation rare qu'il faut rechercher (mais, tant mieux si elle arrive !). Il faut surtout rechercher l'innovation au quotidien en posant, tout le temps, à chaque occasion, à tout sujet les trois questions qui font progresser la vie : comment faire plus simple ? Comment faire plus excellent ? Comment faire plus frugal ?

Et il faut aussi apprendre, notamment de Peter Drucker, que le règne de la créativité abolit le règne de la productivité. La productivité implique le non-changement (tout changement exige une mise au point, une acceptation, un apprentissage qui font chuter la productivité), alors que la créativité exige le changement perpétuel, l'impermanence.

Mais tout cela vaut aussi pour soi, pour sa propre intimité, contre toutes les habitudes, contre tous les conformismes, contre toutes les normalités. Nous devons nous exercer à réinventer notre propre vie tous les jours et ne pas s'installer dans une routine débilitante qui tuerait nos talents par un confort apparent et illusoire. Nous devons apprendre à nous déstabiliser en permanence. Il faudra apprendre l'étonnement perpétuel, l'enchantement constant et l'émerveillement continuel, surtout face au banal, au quotidien, au « normal » qui, en fait, ne l'est jamais.

*

Procentration

Ce néologisme m'a paru nécessaire pour exprimer, d'un mot, deux idées : celle de centre, de centrage, de recentrage et de concentration, d'une part, celle de projet, de professionnalisme, de proactivité, d'autre part. Autrement dit, revenir au cœur de ce que l'on fait le mieux afin d'y construire son propre chemin, son propre avenir.

J'écrivais, plus haut, qu'une des trois belles questions majeures est : que puis-je vraiment ? Quels sont mes vrais talents ? Mes vraies compétences ? Mes vraies intelligences ? Mes vrais savoir-faire ?

La question vaut pour tout individu. Elle vaut aussi pour toute entreprise ou organisation.

Car le cœur du projet de toute entreprise et de toute personne doit être celui-ci : exceller dans la maîtrise de son métier. C'est la grande leçon des samouraïs nippons et des moines ch'an du temple de Shaolin : le plus grand des guerriers est celui qui, par la maîtrise parfaite de tous ses arts, n'est jamais amené à se battre puisque sa grande maîtrise dissuade tous les importuns.

L'excellence élimine la concurrence.

Mais avant d'exceller dans son propre métier, encore faut-il connaître et reconnaître ce métier, c'est-à-dire les savoir-faire, les compétences, les talents et les intelligences qu'il met en œuvre. Il faut donc commencer par inventorier nos propres savoir-faire, talents, compétences et intelligences de vie ainsi que ceux des gens qui vivent, œuvrent et travaillent avec nous.

Il faut apprendre à construire sa stratégie de vie ou de travail ou de projet non pas en fonction des opportunités extérieures comme les marchés, les technologies, les concurrents et leurs évolutions, mais bien plutôt en fonction de nos potentialités intérieures, individuelles ou collectives...

En permanence, il faut avoir en tête la question cruciale suivante : avec mes savoir-faire, compétences, talents et intelligences, qu'est-ce que je peux faire d'autre que ce que j'en fais actuellement ? Comment m'utiliser, tel que je suis, avec ce que je suis, pour faire autre chose ou pour faire autrement ?

Je suis mon propre fonds de commerce. Je n'en ai, ni n'en aurai aucun autre. Comment en tirer le meilleur parti pour me construire une existence de plein accomplissement et de grande joie de vivre ?

*

Qualification

Cela a été dit et répété : le passage à l'après-modernité est un vaste et profond passage du règne de la quantité au règne de la qualité.

Qualité des produits et services, d'abord, bien sûr, avec ce difficile et impérieux passage de la valeur d'échange (logique de prix bas) à la valeur d'usage (logique d'utilité durable). N'y revenons plus.

Dans nos activités collectives aussi, le souci de la qualité sera permanent. La qualité des relations à l'autre avec, comme leviers déterminants, la confiance et la passion, l'enthousiasme (étymologiquement : être « dans le souffle des dieux »...) et le respect (de l'autre, qu'il soit homme, animal, plante ou terroir).

Mais surtout, en tout, partout, soigner la qualité de la vie, la qualité de la Vie avec un grand V, de cette Vie qui englobe et transcende toutes les vies, toutes les existences individuelles, humaines ou non.

Ce soin apporté à la qualité de la vie pour nous-mêmes et pour tout ce qui nous entoure et interfère avec nous implique de donner du sens à tout ce que l'on pense, dit ou fait. Donner du sens, c'est-à-dire participer et contribuer à un projet qui nous dépasse, qui nous enveloppe, qui nous transcende. Donner du sens, c'est spiritualiser la vie sans forcément devoir passer par des croyances surnaturelles ou des religions ; c'est donner une âme au monde et au temps. Si l'on croit que le réel n'a pas de sens, rien n'empêche de lui en donner un. Pour faire avec passion et enthousiasme ce que l'on fait, encore faut-il pouvoir être fier de ce que l'on fait. Voilà le secret de la qualité de la vie : pouvoir être fier de son œuvre, aussi banale ou insignifiante soit-elle. Il est des cathédrales de pierre qui écœurent et des cabanes en bois qui émerveillent. Encore une fois, ce n'est ni la taille, ni le volume, ni la quantité qui comptent.

Le sens ne passe pas par le grandiose ; il passe par la joie !

La qualité de la vie passe aussi par le plaisir. Non pas ces plaisirs vulgaires et vils qui laissent toujours un goût amer en bouche parce qu'ils passent toujours par l'instrumentalisation de l'autre (humain ou non) que l'on utilise, que l'on exploite, que l'on réifie. Le plaisir, tel que décrit ici, possède une certaine noblesse, une certaine élégance. Il est plaisir profond et non pas superficiel et artificiel. Il passe par un contentement sincère et simple, de ce que l'on a, de ce que l'on est, de ce que l'on fait. Il s'agit du plaisir stoïcien ou épicurien, simple et tranquille, frugal et sobre. Il ne peut s'agir de débauche, d'excès, de démesure. Il s'agit de sagesse.

La qualité de la vie passe enfin par une guerre sans pitié contre tous les stress négatifs qui sont toujours plus qu'inutiles et contreproductifs. Il ne s'agit pas de récuser toute force de tension, de désir, d'impatience... il s'agit de ne jamais mettre, à la source de ces tensions, la peur, la crainte, l'angoisse. Le désir impatient, oui ! La peur angoissée, non !

Faire confiance au réel et atteindre la sérénité : rien de plus simple. Il suffit de le vouloir vraiment.

*

Réticulation

Le réseau sera le modèle organisationnel de base pour toutes les communautés humaines : familles réticulées (plutôt que « recomposées »), entreprises réticulées (réseaux internes de petites équipes ou de petites entités spécifiques, réseaux externes de partenariats divers), « institutions » réticulées (réseaux de communautés de vie et de noyaux citoyens, de groupes d'intérêt et de défense des intérêts, de centres multiples de rencontres d'offres et de demandes de ressources en tous genres, de points virtuels de dépôts et de crédits monétaires, etc.).

Cette réticulation généralisée est la conséquence et la réponse au grand saut de complexification qui est, à la fois, une des origines et le grand accélérateur de la mutation paradigmatique que nous vivons. Elle permet une bien meilleure vitesse d'adaptation, une plus grande souplesse décisionnelle et opérationnelle, une meilleure répartition des efforts et des ressources, etc.

Il s'agit donc, dans toutes les dimensions de l'existence individuelle et collective, de passer de la pyramide hiérarchique et mécanique au réseau complexe et organique...

Il faut prendre garde de ne pas confondre les réseaux réels (les réseaux de vie) et leurs supports numériques. Ainsi, ce que l'on nomme les « réseaux » sociaux (genre FaceBook – Fesse-Bouc – ou Twitter) n'en sont pas. Par contre, ces maillages potentiels peuvent devenir le « lieu » d'émergence de certains réseaux réels, de certaines communautés de vie.

Ce sont, plus qu'autre chose et parmi bien d'autres, de simples outils de contact (sans négliger le fait que les avatars ou pseudonymes sont souvent des masques et des déguisements qu'il ne faut jamais prendre pour « argent comptant » ; la Toile est, par excellence, le « lieu » de l'anonymat).

*

Immatérialisation

Par immatérialisation, il faut entendre cette idée de fond que l'ère qui s'ouvre sera noétique, c'est-à-dire que toute valeur (de vie, de produit, de service, de travail, de relation) naîtra de l'intelligence, de la connaissance, de la compétence, du talent, du savoir-faire que l'on y injectera. Et lorsque l'on parle d'intelligence, on parle de toutes les formes d'intelligence, conceptuelle et manuelle, intuitionnelle et relationnelle, gestuelle et langagière, spirituelle et rituelle, etc.

L'intelligence, au sens le plus riche et le plus profond, est l'art de la reliance : reliance des savoirs pour en faire émerger des connaissances, reliance des données pour en faire émerger des idées, reliance des actes pour en faire émerger des œuvres, reliance des hommes pour en faire émerger des communautés, reliance des intentions pour en faire émerger des projets, reliance des comportements pour en faire émerger de la valeur.

Pour le dire autrement, l'intelligence est l'art de faire émerger des réseaux.

Il faut passer de l'ancienne socioéconomie de masse à une socioéconomie de la valeur (valeur d'usage et d'utilité, plus que valeur d'échange et de prix), une socioéconomie de la valeur par l'intelligence.

Même les produits matériels et industriels se convertissent à la règle : plus d'intelligence et moins de matière. Comparons les meubles industriels lourds et massifs d'antan et les meubles de type IKEA d'aujourd'hui. L'exemple est parlant : gains substantiels de matière et surplus d'immatérialité au travers du design, de la praticité, de la modularité, de la convertibilité, de la diversité, etc. Cela ne signifie nullement que le beau meuble d'ébéniste n'a plus ni valeur, ni sens. Cela signifie que le seul choix réel demain sera entre l'intelligence de conception type IKEA et le talent créateur dans les mains expertes de l'ébéniste. Il s'agit donc de deux immatérialités différentes, de deux utilités différentes, de deux préciosités différentes... et de deux prix différents. Mais, dans les deux cas, ce qui fait valeur, c'est le talent ; il n'y a plus de place pour les gros meubles lourds et massifs d'hier qui offraient beaucoup de mauvais bois avec beaucoup de mauvais goût, pour pas très cher.

De manière beaucoup plus générale, poussé notamment par la raréfaction de toutes les ressources matérielles, le défi qu'il nous est offert de réussir cumule une réelle décroissance matérielle et un vrai développement immatériel, c'est-à-dire un authentique accomplissement existentiel. Mieux avec moins. Moins de matérialité et plus d'immatérialité, de vie, d'esprit, de spiritualité.

Tout ceci converge harmonieusement vers une logique des talents et des virtuosités...

*

Synchronisation

Nous connaissons, depuis quelques décennies, une incroyable croissance de la complexité ambiante qui induit une vraie croissance de l'imprévisibilité et de l'incertitude et qui conduit à l'échec permanent des techniques de planification.

D'un point de vue concret et pratique, dans tous nos projets personnels et professionnels, lorsque la planification échoue, il faut passer aux techniques de synchronisation. La planification est une approche qui alloue, pour chaque projet dont les objectifs sont fixés dès le départ, des ressources prédéfinies, étape par étape, dans la linéarité de leur succession. À son inverse, la synchronisation mène, en parallèle, un grand nombre de projets différents et y réalloue, en permanence, les ressources disponibles en fonction des états d'avancement et des circonstances.

Mais la question de la synchronisation va beaucoup plus loin dès lors que nous la laissons nous parler de la synchronisation

– donc de l'harmonisation – entre nos rythmes intérieurs et les rythmes extérieurs. C'est de notre rapport au temps qu'il s'agit.

Comment ne pas voir que la plupart d'entre nous sont enfermés dans une spirale infernale, dans une perpétuelle course contre la montre, dans un maelström temporel où l'humain devient beaucoup trop lent par rapport au rythme hallucinant des technologies qu'il a lui-même inventées et lancées au monde. Comment se représenter des vitesses de cent mille kilomètres par seconde atteintes par les informations circulant sur la Toile ? Comme se représenter des volumes de quatre-vingts milliards de courriels échangés chaque vingt-quatre heures ? Ces ordres de grandeur sont devenus hors de portée.

Et la question se pose : comme échapper à l'esclavage de ces monstres, comment les redomestiquer, comment nous réapproprier notre temps et réconcilier notre temps intérieur et le temps extérieur commun ?

Le « mieux avec moins » s'applique aussi à notre relation au temps. C'est le discours, par exemple, de la mouvance « slow », qui commença, naguère, en Italie, avec le mouvement « slow food » (en opposition au « fast food »).

Travailler moins, mais travailler mieux. Manger moins, mais manger mieux. Gagner moins, mais gagner mieux.

C'est tout un nouvel art de vivre qu'il nous est proposé d'inventer... et de vivre !

*

* *

La rédaction de ce manuscrit a été achevée dans un TGV entre Bordeaux et Paris, ce 22 mars 2013.

Marc Halévy
Ferme du Cérizot, Moux-en-Morvan
marc@noetique.eu
www.noetique.eu

DU MÊME AUTEUR

Marc Halévy

MONDIALISATION ET RELOCALISATION

Entre Terre et Terroir

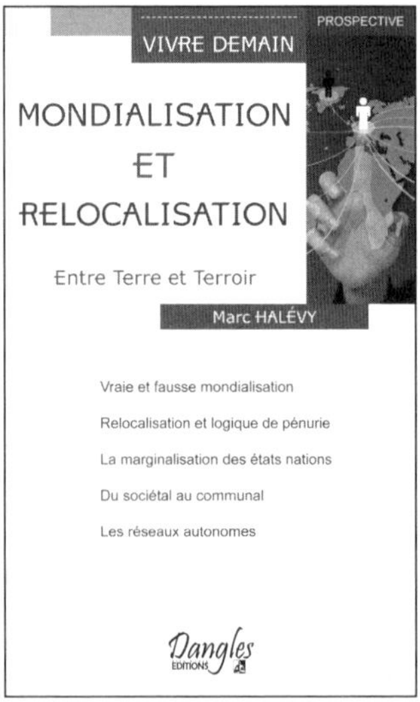

ISBN : 978-2-7033-0937-6
Format 13 x 21 cm
224 pages

Les entités nationales sont encore censées incarner l'identité, la souveraineté, la légalité et la légitimité des « peuples » de la Terre. Mais la réalité géopolitique qui émerge est tout autre. Les États-Nations n'y auront bientôt plus aucun rôle à jouer. Entre mondialisation et relocalisation, les niveaux intermédiaires, qui avaient fait le terreau de la Modernité aujourd'hui finissante, vont disparaître. L'humanité est en passe de se réorganiser fondamentalement sous les effets de deux pôles complémentaires : la Terre, prise comme un tout unique et solidaire, et le terroir, pris comme territoire géographique parfois, mais le plus souvent culturel ou passionnel.

DU MÊME AUTEUR

Marc Halévy

VERS UNE AUTRE ÉCONOMIE

ISBN : 978-2-7033-0928-4
Format 13 x 21 cm
208 pages

L'industrialisation et la financiarisation de l'économie ont mené le monde dans une impasse monstrueuse. Il devient impérieux de changer de logique économique et de reconsidérer les étalons même de la richesse. La montée en puissance de l'économie immatérielle met de plus en plus en avant la pertinence et la puissance des « patrimoines immatériels ». Ils deviennent infiniment stratégiques, puisque l'avenir dépend surtout d'eux, et de moins en moins quantifiables. L'économie de demain est résolument entre les mains de ceux qui maîtrisent les savoir-faire et qui cultivent les enthousiasmes.

DU MÊME AUTEUR

Marc Halévy

ÉCONOMIE(S) IMMATÉRIELLE(S)

ISBN : 978-2-7033-0773-0
Format 13 x 21 cm
224 pages

À présent, l'économie a ses deux faces : l'économie des objets et l'économie des idées, de l'information, de l'intelligence, de l'expertise, des talents, bref : l'économie de l'immatériel. Elle « pèse » déjà beaucoup plus que l'économie classique. Mais voilà : les règles du jeu n'y sont plus les mêmes. On ne vend ni n'achète de l'intelligence ou des idées comme on le faisait des boîtes de conserve. Parfois, même, la gratuité devient un des mécanismes de vente... Paradoxe ? Au fait : à qui appartient une idée ou une information ?

DU MÊME AUTEUR

Marc Halévy

ÉCONOMIE DÉMONÉTISÉE

ISBN : 978-2-7033-0847-8
Format 13 x 21 cm
192 pages

Et si l'économie officielle, celle du PIB et du CAC40, n'était pas la seule ? Elle ne représente que le sixième du total de l'économie mondiale, et les cinq sixièmes restants sont partagés par l'économie pirate, l'économie mafieuse et l'économie démonétisée. Les transactions s'y font en l'absence des monnaies officielles : trocs, bénévolats, « open source ». Ces économies qui semblent marginales sont une des incontournables réponses à la crise durable des marchés.

Achevé d'imprimer par
l'Imprimerie France Quercy, 46090 Mercuès
N° d'impression : 31409 - Dépôt légal : octobre 2013
Imprimé en France